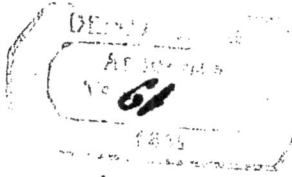

ÉTUDES THÉORIQUES ET PRATIQUES

SUR

LE CODE CIVIL.

(C.)

Mézières, Imp. de TRÉCOURT.

ÉTUDES THÉORIQUES ET PRATIQUES

SUR

LE CODE CIVIL

IIe SÉRIE. — Ire PARTIE.

VIIe ÉTUDE

OU ESSAI DE LÉGISLATION SUR LE DROIT DE SUCCESSION DANS SES RAPPORTS
AVEC LES CRÉDITS CIVIL ET FONCIER.

PAR

A. HUREAUX,

JUGE AU TRIBUNAL CIVIL DE CHARLEVILLE (ARDENNES).

TOME III. — (1re Livraison.)

PARIS,

A. MARESCQ, LIBRAIRE-ÉDITEUR,

RUE SOUFFLOT, 17, PRÈS DU PANTHÉON.

CHARLEVILLE,

LETELLIER, Libraire, Rue Napoléon, 174.

1851

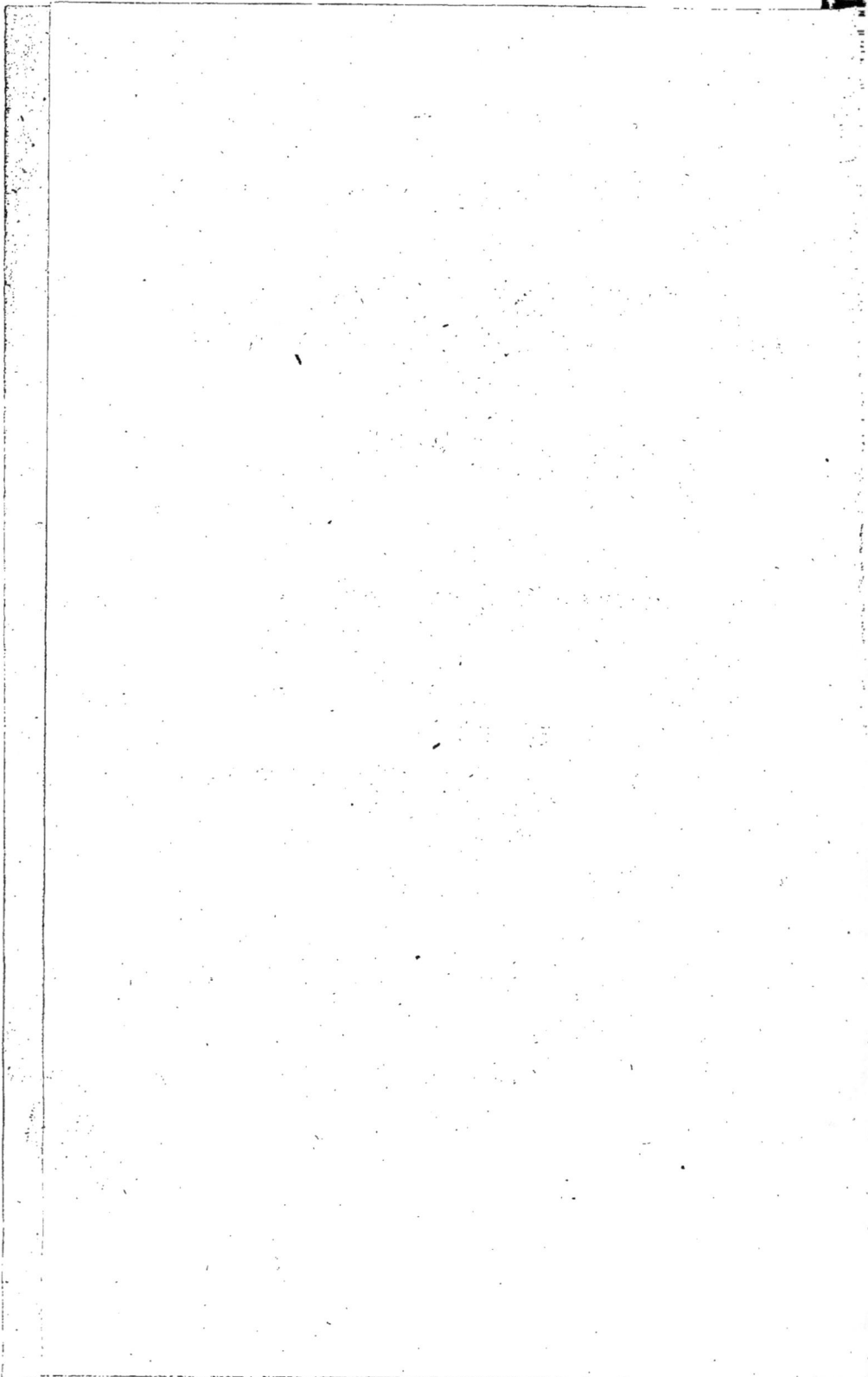

ÉTUDES
SUR LE CODE CIVIL.

IIe SÉRIE. — Ire PARTIE.

VIIe ÉTUDE

OU ESSAI DE LÉGISLATION SUR LE DROIT DE SUCCESSION
DANS SES RAPPORTS AVEC LES CRÉDITS
CIVIL ET FONCIER.

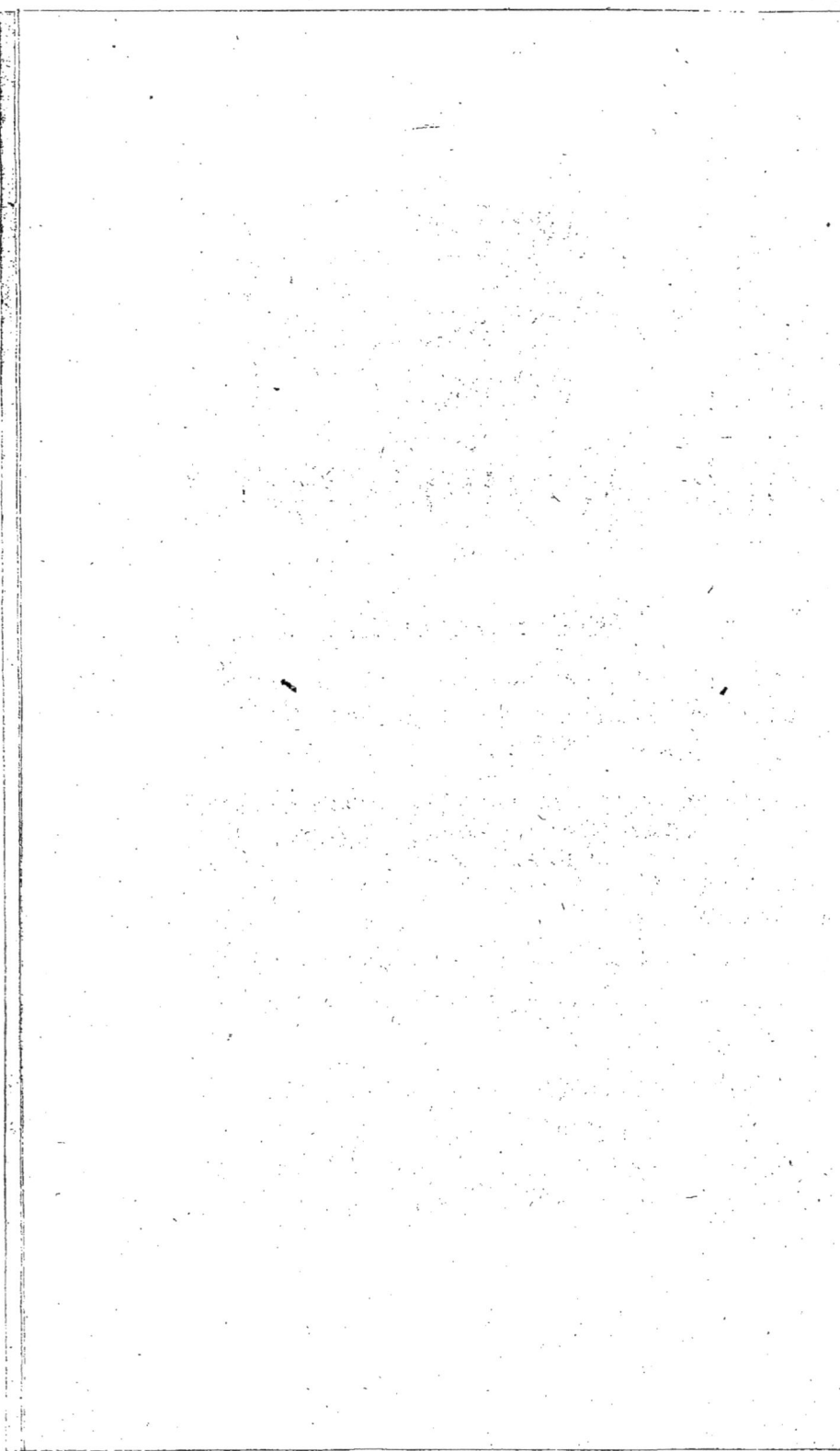

AVERTISSEMENT.

Le travail que nous publions aujourd'hui fait partie de la deuxième série, encore inédite, de nos Études sur le Code civil.

La réformation du titre des hypothèques nous a fait penser qu'il y aurait peut-être quelque utilité à appeler l'attention sur *le droit de succession dans ses rapports avec les crédits civil et foncier*. Voilà pourquoi nous livrons cette septième Étude à la publicité avant celles qui doivent compléter la série à laquelle elle appartient.

Nous ne terminerons pas cet avertissement sans exprimer toute notre reconnaissance aux Jurisconsultes qui ont bien voulu encourager nos premiers essais. L'examen critique du Code civil au point de vue tout

à la fois de la législation et de l'interprétation, forme
le sujet d'un livre que la science ne possède pas encore. C'est sans doute une tâche bien ingrate et bien
au-dessus de nos forces, que celle que nous avons
entreprise ; mais nous n'attendons de nos travaux ni
gloire ni profit. Nous continuerons donc de suivre la
voie que nous nous sommes tracée dans la première
série, en nous attachant surtout aux matières qui sont
restées, parmi nos Jurisconsultes, l'objet de contro-
verses persistantes. Si l'on peut, avec quelque raison
peut-être, nous faire le reproche de négliger parfois
les questions secondaires et de ne voir que les bases
fondamentales de chaque institution, c'est parce que la
nature même de notre méthode s'oppose à ce que nous
descendions dans les détails. L'unique moyen, suivant
nous, de ramener à l'unité une institution diversement
interprétée, consiste à bien se fixer sur *sa notion;* le
reste n'est qu'une affaire de dialectique, ou, si on le
veut, de remplissage. Au surplus, ce reproche ne
pourra pas toujours nous être adressé. Ainsi les Études
qui compléteront la deuxième série, seront beaucoup
plus pratiques que celles que nous publions en ce moment. Tout ce qui touche à la *déconfiture* n'ayant pas
été organisé par le code civil, il nous a paru impossible de traiter cette matière avec ensemble, si nous ne

nous jettions pas quelque peu en dehors des sentiers battus.

Voilà pourquoi la septième Étude est plutôt un travail de législation, qu'un travail d'interprétation.

SEPTIÈME ÉTUDE

OU ESSAI DE LÉGISLATION SUR LE DROIT DE SUCCESSION
DANS SES RAPPORTS AVEC LES CRÉDITS
CIVIL ET FONCIER.

SOMMAIRE.

§ Ier. — DE L'ACCEPTATION PURE ET SIMPLE.

§ II. — DU BÉNÉFICE D'INVENTAIRE.

§ III. — DE LA VACANCE ET DE LA DESHÉRENCE

1er Système dit originaire.

DISPOSITIONS GÉNÉRALES.

§ Ier.

72. — Protection de la famille (*lato sensu*).

§ II.

73. — Protection du public (*lato sensu*).

74. — Protection de la famille (*stricto sensu*).

Section 1re.

De la renonciation.

Section 2.

75. — De l'acceptation.

§ Ier.

De l'acceptation pure et simple.

§ II.

76. — De l'acceptation sous bénéfice d'inventaire.

Section 3. — Protection simultanée de la famille et du public.
(*Stricto sensu.*)

77. — De la deshérence provisoire ou définitive.

§ Ier.

77 bis. — De la deshérence provisoire.

§ II.

78. — De la deshérence définitive.

Section 4. — Protection des créanciers de la succession (ou d'une partie du public *stricto sensu*). De la séparation des patrimoines.

79. — Dispositions générales. La séparation est individuelle ou collective.

§ 1er.

FIN DE LA VIIe ÉTUDE.

NOTA. Les renvois à nos Études se réfèrent à la première série.

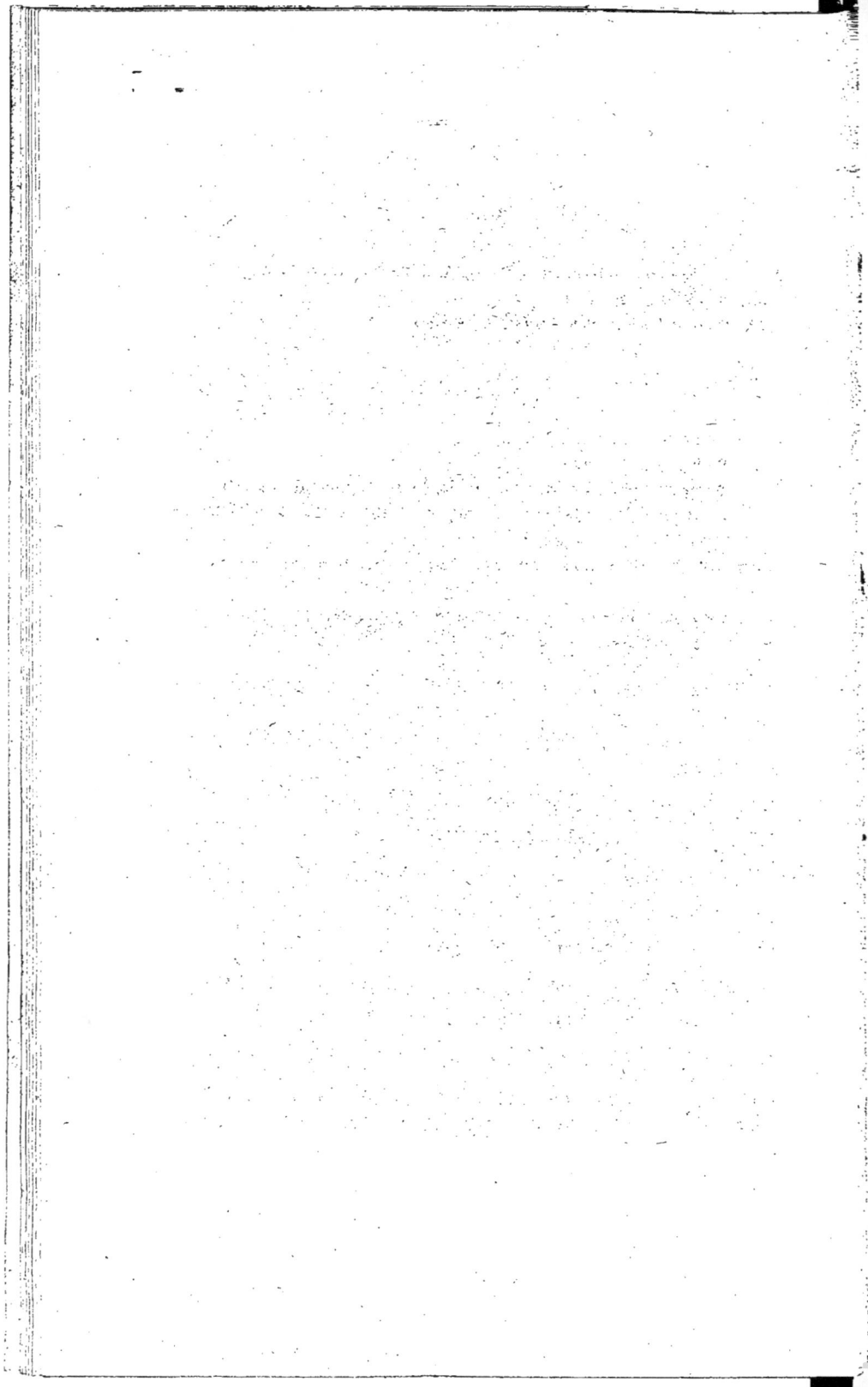

ÉTUDES
SUR LE CODE CIVIL.

VIIe ÉTUDE.

DU DROIT DE SUCCESSION.

OBJET DE CE TRAVAIL ET POSITION DE LA QUESTION.

1. — « La révolution *politique* est faite, en France,
« a dit M. Rossi....., la révolution *économique* n'est
« pas faite!.... »

Ces paroles ont une haute portée, et elles s'adressent plus encore peut-être aux Jurisconsultes qu'aux
hommes d'État. Il faut donc que chacun de nous, dans
les limites de son intelligence, travaille à la solution
du problème et apporte une pierre nouvelle à l'édifice.
La France sera ainsi conduite vers ses progrès ration-
nels par la propagande pacifique de la science et non
par les séditions convulsives des passions politiques.

Voilà, ce nous semble, la mission du Jurisconsulte

actuel. C'est à lui qu'il appartient de faire, en grande partie, la révolution *économique* dont a parlé M. Rossi.

L'intérêt personnel ne commande-t-il pas d'ailleurs aux citoyens d'éclairer le législateur par la communication franche de leurs idées... Et, si nous sommes forcés de reconnaître *qu'il y a loin de la théorie de ceux qui écrivent à la pratique de ceux qui jugent* (1), n'est-ce pas parce que le besoin et la possibilité, bien plus que l'idée abstraite, décident de tout en définittve (2)? Sans doute; et nous pouvons tirer de là cette conséquence que l'application Prétorienne des arrêts a toujours eu et aura toujours une haute influence sur le droit national, quelquefois même en dépit de la codification elle-même.

Mais si l'uniformité du droit s'établit par la seule force des choses et sans l'intervention du législateur, lorsque, comme chez nous, la puissance publique est concentrée (3), est-ce une raison pour que le travail interne et progressif de la jurisprudence ne soit pas aidé dans sa marche et reste souvent forcé de s'arrêter devant des textes d'un autre âge? Non. Disons, au contraire, qu'il y a, de loin en loin, nécessité pour le législateur de constater et de proclamer des vérités

---

(1) *V.* le discours de Cambacérès en tête du projet de Code civil de Messidor an **IV.**

(2) Falck. *Encyclopédie Juridique.*

(3) Falck, *même ouvrage.* — Traduit par M. Pellat.

nouvelles, résultat de l'expérience, sous peine de voir son autorité méconnue, et rappelons, avec Montesquieu, que *les Lois sont*, avant tout, *les rapports nécessaires qui dérivent de la nature des choses* (1), ou tout au moins qu'elles sont subordonnées à ces rapports.

2. — L'un des problèmes les plus ardus que présente à résoudre la seconde partie de la pensée de M. Rossi, en ce qui touche la loi civile, est assurément l'organisation du *Crédit foncier*. Déjà un projet élaboré avec soin a été soumis à l'assemblée nationale, et quoique les résolutions provisoirement prises, n'aient pas toutes obtenu l'assentiment des hommes versés spécialement dans ces matières, nous pouvons dire qu'il nous est, dès aujourd'hui, permis d'espérer, au moyen de la loi actuellement en discussion, un progrès sensible sur ce qui existe dans le code civil. Seulement, nous regrettons de ne pas voir, à côté de la loi qui doit fonder *le crédit foncier*, s'élever en même temps un édifice non moins important, à savoir, la loi du *Crédit personnel*. Quel est celui d'entre nous qui, dans ses méditations sur *le droit de créance*, ne s'est pas dit cent fois que la *déconfiture n'a pas été organisée par le code civil* et qu'il y a là une grande lacune à combler !...

(1) *Esprit des Lois*. Liv. 1er., chap. 1er.

3. — Nous ne nous proposons pas d'examiner dans cette Étude une aussi vaste question sous toutes ses faces; notre but, en ce moment, est uniquement d'appeler l'attention sur la partie du problême qui touche au titre dés successions dans ses rapports avec les tiers. Ce côté de la question est encore aujourd'hui dans les ténèbres, et cependant il est le plus important; car c'est celui qui chatouille le plus les intérêts de la famille. Il a donc tout au moins, à raison des événements politiques accomplis, le mérite de l'actualité.

4. — L'antagonisme perpétuel de la *famille* et des *crédits civil et foncier*, voilà le sujet de ce travail; la conciliation convenable, ou plutôt une modeste tentative de conciliation entre ces grands intérêts opposés, voilà son but.

En ce qui touche le crédit foncier, les faits nous sont encore pour ainsi dire inconnus. Tout ce que nous pouvons dire, c'est qu'il est d'une nature radicale et par conséquent ennemie de la transaction. Cependant nous savons que, en France, la terre n'est pas sans crédit, même dans l'état actuel de notre législation hypothécaire. En effet, les registres des conservations d'hypothèques présentent un bilan effrayant du passif de la propriété foncière. Or, un fait aussi considérable doit nous mettre en défiance, au moins jusqu'à un certain point, contre ce que les socialistes appellent les *mobilisations du sol*, *les agents de circulation, les banques d'échange :* toutes choses fort belles sans doute, mais qui semblent, un peu, avoir été inventées dans le but d'utiliser le bien d'autrui.

En ce qui touche le crédit personnel, les faits ne sont guère mieux connus, ou du moins, il nous est permis de nous exprimer ainsi, lorsque nous avons vu des hommes haut placés dans l'estime publique, nier l'existence elle-même du *crédit personnel civil.* Il y a là une erreur irréconciliable. Le crédit civil existe, et il tend à se développer chaque jour de plus en plus. S'il était organisé sur des bases sérieuses, nous ne craignons pas d'avancer qu'il rendrait, surtout dans les campagnes agricoles, le crédit foncier pour ainsi dire inutile.

En ce qui touche la famille, les faits sont bien connus, et c'est précisément parce qu'ils sont bien connus que nous voyons des hommes sages, mais timides, reculer devant une transaction de ses intérêts sacrés avec ceux des crédits civil et foncier, c'est-à-dire avec ce qui est pour eux..., *l'inconnu.* Ces hommes nous semblent être dans l'erreur, et ils commettent un anachronisme lorsqu'ils repoussent des concessions devenues nécessaires. Il est un milieu en toutes choses, et ce milieu varie suivant les progrès de la civilisation.

Nous résumons donc ainsi la question que nous nous proposons d'examiner dans cet écrit : *Famille, Public ;* voilà deux idées qui sont dans un antagonisme perpétuel, en législation ; nous devons faire tous nos efforts pour les concilier autant que possible et donner à leurs intérêts réciproques une satisfaction légitime : *hic opus, hic labor !...*

5. — Nous diviserons cette Étude en quatre parties.

Dans *la première*, nous traiterons sommairement de l'objet de la réformation hypothécaire et nous adresserons quelques critiques aux projets officiels, *en ce qui touche le droit de succession*.

Dans *la seconde*, nous jetterons un coup d'œil critique sur le système adopté par le Code civil pour réglementer les rapports des successibles avec les tiers.

Dans *la troisième*, nous poserons les bases du système que nous proposons.

La *quatrième partie* sera consacrée au résumé des idées que nous aurons émises précédemment : résumé que nous ferons dans la forme d'un projet de loi.

PREMIÈRE PARTIE.

OBJET DE LA RÉFORMATION HYPOTHÉCAIRE, ET CRITIQUE
DES PROJETS OFFICIELS EN CE QUI CONCERNE
LE DROIT DE SUCCESSION.

6. — La meilleure loi est celle qui répond le mieux aux besoins du peuple pour lequel elle est faite. Nous devons donc peu nous préoccuper des législations étrangères dans la révision de notre code hypothécaire. Les différents systèmes admis chez nos voisins peuvent paraître séduisants au premier coup d'œil, quoique leur application doit, ce nous semble, favoriser l'usure; mais nous les croyons peu praticables en France, à raison surtout de la grande division de la propriété foncière. Combien de critiques ont été adressées au titre des hypothèques du Code civil, qui ne l'auraient pas été si les savants étrangers avaient fait un instant abstraction de leur nationalité!...Soyons donc nous-mêmes, et ne cherchons que dans notre propre fonds un système qui soit approprié à nos mœurs et à nos besoins.

7. — La loi hypothécaire a, dit-on, pour but d'assurer le crédit foncier...; je le veux bien..., je pense même qu'elle doit le favoriser. Mais il s'agit de s'entendre sur ces expressions, *crédit foncier*. Jusqu'à ce jour, elles n'ont présenté, en France, qu'une abstraction, et il faut avouer que les essais déjà tentés ne sont pas de nature à nous rassurer beaucoup sur l'utilité réelle et l'avenir des caisses hypothécaires. Ce n'est pas une raison sans doute pour repousser systématiquement toute institution de crédit; nous serions au contraire des premiers à applaudir au succès des banques territoriales, si elles trouvaient le moyen, vainement cherché, d'amortir la dette écrasante qui pèse sur l'agriculture.

Mais en attendant que ces théories se réalisent et que l'on trouve l'argent nécessaire pour les mettre en pratique, ne demandons pas à la loi ce qu'elle ne peut donner, et surtout n'allons pas nous jeter dans l'inconnu. La mission du législateur actuel est de répondre aux attaques insensées dont la propriété est l'objet de la part des *Erostrates* de notre époque, et il ne peut le faire plus utilement que par la promulgation d'une bonne loi hypothécaire, dans laquelle la théorie des *droits réels* sera établie sur des bases inébranlables, abstraction faite des banques territoriales dont l'organisation doit, en toute hypothèse, se développer en dehors de la charte de la propriété.

8. — Laissons donc de côté ces systèmes qui prétendent exiger d'une loi sur les hypothèques la mobilisation du sol ; ils reposent tous plus ou moins sur la violence. Trop souvent le débiteur, malgré tous les efforts faits pour éviter l'écueil, s'y trouve sacrifié au créancier, tandis que le but d'une sage législation hypothécaire est tout à la fois de donner des garanties sérieuses au créancier et de conserver en même temps le crédit du débiteur. C'est à protéger ces intérêts divers que le législateur doit surtout s'appliquer.

9. — Il obtiendra le résultat proposé, sinon complètement, au moins d'une manière à peu près certaine, en posant *a priori* la publicité comme base fondamentale de la constitution de la propriété immobilière et de ses démembrements. En cela, il suivra une méthode différente de celle adoptée par ses devanciers pour lesquels la publicité des *transmissions entre-vifs* n'a été qu'une conséquence de la publicité des hypothèques (1). Nous rentrerons dès-lors dans les véritables principes du droit, car le caractère principal de la propriété se posant *adversus omnes*, est l'exclusion : Or, qui dit *exclusion* dit *publicité*.

(1) Nous sommes du petit nombre des Jurisconsultes qui pensent que c'est à une erreur d'interprétation que l'on doit attribuer l'abandon de la transcription considérée comme moyen de transmission de la propriété à l'égard des tiers. (*V.* nos *Études sur le Code civil*, t. 1 nos 137 à 230.)

10. — Ainsi, donner des garanties sérieuses aux acquéreurs et aux prêteurs, par le moyen de la publicité, sauve-garder les intérêts du débiteur en simplifiant le mécanisme de cette publicité et en restreignant, autant que possible, l'assiette des hypothèques.., voilà l'idée fondamentale de la loi nouvelle.

Toute sa théorie se résumera dans ces deux expressions : *publicité*, *spécialité* ou plutôt *spécialité* et *publicité*. C'était la formule du législateur de l'an VII ; c'était aussi, quoique déjà obscurcie, la formule du législateur de 1804 ; il ne s'agit donc, au fond, que de restituer *matériellement* au code civil ce qui lui appartient *intellectuellement* ; il y a matière à perfectionner et non pas à détruire.

11. — Ces idées sont loin, sans doute, des rêves de certains crédits fonciers que nous vantent les socialistes, mais elles sont basées sur la raison et sur les faits qui valent toujours mieux que des espérances le plus souvent chimériques et trompeuses. Lorsque MM. Persil et de Vatimenil, comme organes de la commission du Gouvernement et de la commission parlementaire, ont conçu dans cet ordre d'idées leurs projets de la loi hypothécaire, ils ont acquis un titre à la reconnaissance du pays. Tout leur système se résume en deux mots : *C'est la loi de brumaire an VII améliorée*.

Toutefois, nous prendrons la liberté de placer la

critique à côté de l'éloge, car, ainsi que nous le démon-
trerons plus tard, ces projets nous paraissent incom-
plets sous l'un des rapports les plus importants. D'un
autre côté ils renferment plusieurs dispositions que les
discussions préparatoires de l'assemblée ont complètement modifiées et même supprimées, quelquefois, ne
craignons pas de le dire, avec raison, mais quelquefois aussi d'une manière malheureuse.

12. — Cela posé, la première question à examiner
est celle de savoir si tous les événements *investitifs*
de la propriété et de ses démembrements, doivent ou
peuvent être rendus publics par des formalités prescrites par la loi.

Si nous avions à créer un Code civil sur des bases
toutes nouvelles, la réponse à cette question serait facile : Il faudrait, sans aucun doute, subordonner l'acquisition de tous les droits réels à l'accomplissement
de telle ou telle formalité ; car, en principe, l'obligation de respecter les droits absolus, qu'elle qu'en soit
la source, ne peut être imposée avec justice à la société,
qu'autant que ces droits absolus se révèlent à elle par
un signe quelconque (1).

Mais cet ordre d'idées exigerait la révision d'une
grande partie de notre législation civile et par suite

(1) Le projet de M. Persil est, sous ce rapport, plus radical que le
projet de la commission parlementaire ; mais ce dernier projet a encore
paru trop avancé à la majorité de l'assemblée, puisqu'elle n'a pas même

l'abrogation d'une foule de règles tirées pour la plupart de notre ancien droit coutumier dont les tendances ont constamment favorisé *la famille* sans se préoccuper beaucoup des intérêts *du public.* Ainsi l'acquisition du droit de succession serait nécessairement remaniée; il ne faudrait plus parler de la règle, *le mort saisit le vif et son hoir le plus proche et autres règles semblables.*

13. — Dans l'état actuel des choses, nous est-il permis d'espérer des réformes aussi radicales? Ne serait-ce pas une question fort délicate à résoudre que celle de savoir si nos mœurs se prêteraient à un système autre que celui qui nous régit? La Constitution républicaine est venue nous surprendre au milieu de notre ancien mobilier; il faut bien qu'elle nous donne le temps de l'user. On ne déplace pas les intérêts matériels d'une nation comme on déplace les rois!...

Il est donc certains événements *investitifs* de la propriété par eux-mêmes, que la loi nouvelle doit réputer tels, par cela seul qu'ils existent.

Cette catégorie doit, suivant nous, comprendre toutes les acquisitions *lege,* c'est-à-dire 1° les transmissions par décès, 2° les usucapions, 3° et les adjudications d'immeubles sur saisies réelles.

admis la publicité des hypothèques légales!... Si cette résolution est maintenue lors de la dernière lecture de la loi, nous pouvons dire que la révision n'atteindra pas son but, ou dans tous les cas, que la nouvelle loi ne sera que transitoire.

14. — Mais si, dans l'état actuel de notre législation, ces événements peuvent rester *investitifs* de la propriété par eux-mêmes, et sans qu'il soit besoin de les accompagner d'une formalité publique *extrinsèque* que la loi établirait comme *essentielle* à la mutation vis-à-vis du public, ce n'est pas une raison suffisante pour que l'on se croie dispensé de les faire connaître, au moins par *mesure d'ordre*. Sous ce dernier point de vue, la loi actuelle, sans recevoir au fond de profondes modifications, est susceptible d'amélioration.

Recherchons donc jusqu'à quel point le législateur moderne peut faire pénétrer la publicité dans les acquisitions *lege*, non pas, je ne saurais trop le répéter, pour dépouiller les événements de *cette catégorie*, de leur caractère translatif ou constitutif de la propriété, en reportant ce caractère sur une formalité *subséquente*, mais simplement pour éviter les surprises, en les faisant apparaître à tous, parce que tous ont intérêt à les connaître.

Voyons le droit de succession qui fait spécialement l'objet de ce travail.

DU DROIT DE SUCCESSION.

15. — La base fondamentale du droit de succession repose dans la loi ; car l'acquisition par succession

est une acquisition *lege*. L'événement qui donne lieu
à la transmission légale est le décès. C'est donc à l'instant même du décès que la propriété est transmise
par la seule force de la loi, sinon malgré la volonté
des successeurs appelés, au moins à leur insçu. Qu'importe dans un tel système ce qui se passera ensuite ?
Les faits postérieurs rétroagiront, quant à leurs effets,
au moment précis où la transmission se sera accomplie. Telle est la conséquence, sous le rapport de la
constitution de la propriété, de la règle admise chez
nous : *Le mort saisit le vif.*

16. — Un événement aussi important par ses conséquences et par ses rapports avec le droit hypothécaire, semblerait devoir être publié par toutes les
puissances de la presse législative, et cependant la loi
de l'an VII et le Code civil ont gardé à cet égard un silence absolu. Pourquoi donc cette indifférence apparente du législateur en présence d'un fait qui intéresse
si profondément la constitution de la propriété ? C'est
que la transcription de l'acte de décès sur les registres
du conservateur n'apprendrait au public que ce qu'il
connaît déjà, ou que ce qu'il doit être réputé connaître.
Cette transcription publierait bien qu'une transmission
s'est opérée, mais elle ne pourrait publier au profit de
quelles personnes la mutation s'est opérée. Dès-lors la
formalité serait une inutilité ; car qu'importe au public de savoir que la propriété ne réside plus sur la

tête de celui qu'il avait reconnu, par son silence, comme le maître légitime, si on ne lui apprend, en même temps, quels sont ses successeurs?

La loi ne pouvait donc agir autrement qu'elle l'a fait : seulement elle a pourvu autant qu'il était en elle, aux intérêts des tiers par une publicité quelconque, c'est-à-dire par celle des registres de l'état civil (1).

17. — Mais s'il est inutile de publier spécialement l'acte de décès, en peut-il être de même à l'égard des événements postérieurs qui vont régler et modifier la transmission légale? Évidemment les tiers ont le plus grand intérêt à les connaître. Ils doivent surtout savoir à quoi s'en tenir sur le parti que va prendre l'appelé à succéder, puisque leurs devoirs et même leurs droits seront différents, suivant que la succession sera soumise au régime *d'acceptation pure et simple*, sous lequel la libre disposition des biens héréditaires appartient à l'héritier, ou au régime du *bénéfice d'inventaire*, sous lequel cette libre disposition ne lui appartient que restreinte par des formalités prescrites dans un intérêt collectif.

18. — Ici, les plus graves difficultés surgissent de toutes parts.

On ne saurait se le dissimuler, les chapitres v et vi

_____

(1) *C. civil*, art. 45.

du titre des successions ont été conçus dans l'intérêt à peu près exclusif de la famille. Par une conséquence inévitable, ils n'ont donné aux tiers qu'une protection dérisoire : aussi le système qui règle les différents régimes successifs se prête-t-il difficilement à une bonne organisation hypothécaire.

Mais si le législateur de 1804 s'est montré peu progressif dans ces matières, au titre des successions, il a eu bientôt à lutter...

D'abord contre lui-même..., parce qu'il n'avait pu terminer son œuvre sans rendre un hommage quelconque à la vérité, par la création des articles 2111 et 2113 du Code civil...; *et ensuite contre un maître* bien plus novateur et bien plus entreprenant que lui, c'est-à-dire *le temps!...*

La science a osé lui demander compte de la raison d'être de ses dispositions ; puis comme les règles tracées au titre des successions n'étaient qu'un écho imparfait d'une législation qui n'est plus dans nos mœurs, comme d'ailleurs ces règles ne reposaient en grande partie que sur des erreurs perpétuées de siècle en siècle par la routine, des idées nouvelles n'ont pas craint de se produire ; et elles ont eu raison de se produire en face d'une législation prétendue *romaine* qui se posait en protectrice pour ne protéger personne.

19. — De cette lutte est sorti un système que ses

auteurs (1) ont nommé *le bénéfice individuel de la séparation des patrimoines* : système profondément logique, système protecteur des intérêts de tous que la loi nouvelle ne peut éluder sans porter la perturbation dans les intérêts privés, parce qu'il est l'expression d'un fait désormais accompli..., parce qu'il s'est implanté dans la pratique journalière des affaires comme un contre-poids nécessaire au pouvoir illimité dont la saisine investit l'héritier..., parce que, pour tout dire en un mot, il complète la synthèse de la réaction qui s'est opérée dans nos mœurs, en faveur de l'idée *public* contre l'idée *famille*. A ces divers titres, il est en droit d'exiger impérieusement une consécration législative plus précise que celle qui le rend obligatoire aujourd'hui (2).

20. — Que des esprits imbus des anciens principes luttent encore, en conservant une *séparation collective des patrimoines*, sans avoir les moyens de la mettre en pratique comme les Romains..., qu'ils nient tout espèce de progrès, en présence d'une législation codifiée..., cela ne doit pas nous étonner : Rien n'est plus commun, en France, que le mot *jurisconsulte*, et rien

---

(1) M. Blondeau doit être considéré comme le véritable père de la science en cette matière. *V.* son *Traité de la séparation des patrimoines*.

(2) *V.* le rapport de la Faculté de Paris, *Documents sur le régime hypothécaire* publiés par la chancellerie, t. III, p. 223.

assurément n'est plus rare que la *chose*... Mais qu'un homme aussi éclairé et aussi recommandable par ses travaux scientifiques que M. Persil, ose supprimer d'un trait de plume, la seule idée avancée peut-être qui ait été créée, ou, si on le veut, entrevue par le Code civil, sous le vain prétexte qu'il ne la comprend pas, parce qu'il ne veut pas se placer au point de vue où s'est placé le créateur des articles 2111 et 2113 (1)..., c'est ce qu'il est impossible d'admettre. Aussi l'assemblée législative appelée à se prononcer n'a-t-elle pas pris et ne prendra-t-elle pas sur elle la responsabilité de la suppression de l'important article 2113, suppression qui serait, à mon sens, à jamais regrettable ; car si elle suivait à cet égard les errements *équivoques* du projet du gouvernement... eh bien !... elle ne donnerait, sous ce rapport, le jour qu'à une loi transitoire !...

21. — On voit par là de quelle importance est à nos yeux la conservation, et par suite l'amélioration (2)

----

(1) « C'était, dit M. Persil (*V.* son rapport, p. **108**), une chose « *inexplicable* que cette décision qui, d'un simple créancier chirogra- « phain, faisait par la mort seule du débiteur, un créancier privilégié « ou hypothécaire... Tout cela ne se présentera plus, si vous adoptez « la suppression de l'art. 2113 devenu inutile.... » La commission parlementaire n'a pas suivi ces idées, et, nous pouvons le dire, avec beaucoup de raison ; car, avec le système de M. Persil, le crédit personnel devenait pour ainsi dire impossible.

(2) Il y a sans doute une amélioration sensible, en cette matière,

du régime de *séparation individuelle*. C'est qu'en effet c'est sur lui que repose l'avenir de l'une des parties les plus importantes du titre des successions. Mais pour que ce système produise tous les bons effets que nous sommes en droit d'en attendre, et qu'il ne réalise aujourd'hui qu'en partie, il est indispensable que la loi établisse d'une manière plus caractérisée que ne l'a fait le Code civil, les événements qui fixent les différents régimes successifs.

Quels avantages résulteraient de cet ordre d'idées, s'il était accepté franchement avec toutes ses conséquences!... D'une part, la théorie de la propriété ferait une conquête précieuse dans la création d'une formalité publique à laquelle serait attachée la fixation définitive de tel ou tel régime successif; d'autre part, nous aurions pour les créanciers de la succession, classe si digne d'intérêt, une garantie réelle à la place d'une garantie illusoire, en même temps que la famille resterait encore suffisamment protégée; autant du moins qu'elle peut l'être dans l'état actuel de nos mœurs.

21. — De ce qui précède nous pouvons conclure que la révision du titre des hypothèques avec l'établis-

dans le projet de la commission parlementaire, mais nous craignons encore que les nouveaux art. 2111 et 2113 ne soient insuffisants. Le projet est, dans tous les cas, d'un laconisme effrayant. (*V.* art. 2104-6°-2156-2158 du projet.)

sement d'une théorie complète sur la constitution de la propriété immobilière, entraîne, comme conséquence forcée, le remaniement du chapitre v et d'une partie du chapitre vi du titre des successions.

Du reste, hâtons-nous de le dire, les idées fondamentales du Code civil doivent être conservées pour la plupart ; ce n'est que l'exécution qu'il s'agit de remanier. Mais, dans notre manière de voir, cette exécution demande une révision urgente, parce que les dispositions qui la réglementent ne forment qu'un ensemble de demi-mesures qui le plus souvent, en fait, n'atteignent pas utilement le but proposé. Le titre des successions est peut-être celui de tous les titres du Code civil qui exige les plus profondes réformes, et cela ne doit pas nous étonner si nous nous reportons à l'époque où il a été fait ; car la fin du Consulat était un moment peu favorable à l'élaboration d'une loi sur les successions (1). « Nous étions, dit Malleville, dans un état « amphibie et qui laissait beaucoup d'incertitude sur « l'espèce de gouvernement qui serait adopté : chacun « opinait sans dire trop ouvertement ses motifs inté- « rieurs, d'après la forme qu'il jugeait la meilleure. Il « est probable que si le Code avait été fait plus tard, « les lois auraient pris sur ces grandes questions une « marche plus assurée. »

(1) Cette loi a été décrétée le 19 avril 1803 et promulguée le 29 du même mois.

Précieux aveu, qui nous donne la clef de bien des anomalies que le jurisconsulte remarque dans ce titre, conçu tout à la fois dans des principes démocratiques et monarchiques ; précieux aveu que le législateur actuel doit méditer et dont il peut faire son profit !...

22. — Nous nous attendions à trouver dans les projets officiels la solution du problème qui nous occupe. L'art. 2095 du projet de M. Persil nous faisait espérer que cette grave question de la publicité du droit de succession appellerait nécessairement toute l'attention de la commission parlementaire ; mais comme cette commission a gardé le silence, aucune proposition n'a été portée, à cet égard, à la tribune de l'assemblée ; de sorte que M. Persil est resté seul avec son ballon d'essai. Ainsi la difficulté a été éludée. Cela est regrettable à plus d'un titre, et, dans l'avenir, on sentira les inconvénients de cette importante lacune. Ce n'est pas que le moyen indiqué par l'art. 2095 du projet de M. Persil soit de nature à nous satisfaire... loin de là ; car, prescrire *la transcription des déclarations de successions,* sans réformer la théorie des différents régimes successifs, ce n'est certainement pas résoudre le problème. En vain l'honorable rapporteur présente-t-il son moyen comme un *acheminement* à la publicité des mutations par décès (1), nous lui répondrons

---

(1) *V.* le rapport de M. Persil, p. 58 et 59, et d'Hauthuille, de la *Révision du régime hypothécaire,* p. 112.

que nous ne voulons pas d'*acheminement* et que c'est
une loi définitive que la France est en droit d'exiger.
N'est-il pas, en effet, indigne de nous, de rester sur
un point aussi fondamental, en arrière des législations
allemandes?

Cependant, dans les commissions de révision, se
trouvent plusieurs noms chers à la science, et les jurisconsultes dont nous entendons parler, n'ignorent pas
les plaintes fondées qui se sont élevées de toutes parts
contre le défaut d'organisation de la déconfiture des
successions : ce qui comprend *le bénéfice d'inventaire, la vacance, et la séparation des patrimoines.*
Ils auraient dû, ce nous semble, livrer à la discussion
un système quelconque. C'était là, suivant nous, une
nécessité pour eux, dès qu'ils adoptaient en principe,
une large base de publicité, dans l'organisation des
droits réels. Le projet de la commission parlementaire
présente sans doute un progrès sur le Code civil, en ce
qui touche la *séparation des patrimoines*, mais le bénéfice d'inventaire ne devait-il pas aussi provoquer
l'attention d'une manière spéciale? Qui ne voit que la
loi nouvelle sera incomplète dans sa partie la plus importante peut-être, si elle ne soumet à la publicité les
événements qui régissent la plus grande partie des immeubles de la France, c'est-à-dire les mutations par
décès? Qui ne voit que cette publicité une fois admise
en principe entraîne comme conséquence immédiate

le remaniement des différents régimes successifs?...

Il faut donc aborder de front les difficultés de ces matières les plus ardues du droit civil, celles dont l'organisation actuelle répond le moins aux besoins des crédits civil et foncier ; et puisque nos mandataires ont jugé plus prudent d'éluder la question que de la résoudre, la presse doit intervenir pour leur démontrer que le problème dont nous nous occupons appartient à la catégorie de ceux qui ne souffrent pas d'ajournement.

23. — Quelques réflexions sur le but principal de la révision de la loi hypothécaire, suffiront, ce nous semble, pour convaincre nos gouvernants qu'il y a là quelque chose à faire.

Pourquoi la nécessité de réformer la théorie de la constitution de la propriété et de ses démembrements se fait-elle si impérieusement sentir aujourd'hui ?... C'est parce que les lois qui régissent les rapports de la *famille* avec le *public* sont l'expression d'une société qui n'est plus la nôtre ; c'est parce que l'harmonie entre l'institution et les faits a cessé d'exister. Ce défaut d'harmonie provient de ce que le Code civil, conçu, il faut bien l'avouer, dans un esprit de réaction, n'a pas tenu suffisamment compte des travaux législatifs de notre première révolution, quand pourtant ces travaux avaient eu pour objet de pourvoir aux besoins nouveaux de la régénération sociale.

Si, au lieu de concentrer leurs prédilections sur le droit municipal ancien, les consultants coutumiers, devenus conseillers de l'Empire, avaient accepté franchement et développé les systèmes de Nivôse an II (1) et de Brumaire an VII, ils auraient donné à l'idée *Public* une satisfaction convenable, et leur Code civil pourrait longtemps encore défier l'avenir... Mais ils ont voulu rétrograder vers la *famille coutumière!*..... Étrangers pour la plupart aux conquêtes nouvelles, il nous est permis de dire qu'ils n'en ont pas toujours sainement apprécié la portée; dès lors, suivant la loi du progrès, leur édifice, malgré quelques concessions péniblement arrachées, du reste, par la partie libérale du conseil d'État, devait, avec le temps, naturellement s'écrouler..., et il s'écroule déjà!... et il continuera de s'écrouler de plus en plus dans l'avenir, parce que, sous beaucoup de rapports, il ne répond plus que très-imparfaitement aux besoins de notre siècle!...

Il faut donc réformer le Code civil et il le faut surtout dans les matières qui nous occupent, parce que les parties, c'est-à-dire *la famille* d'un côté, et les tiers, c'est-à-dire *le public* de l'autre, se trouvent dans un antagonisme perpétuel d'intérêts, et que ces intérêts opposés, par suite de l'extension conquise par l'idée *public* en présence de l'idée *famille* restée sta-

---

(1) Au moins, dans les parties acceptables de cette loi sur les successions.

tionnaire, sont devenus respectables au même degré : d'où la conséquence inévitable qu'ils ont droit désormais à une protection équitablement et proportionnellement égale.

L'inégalité de protection étant la véritable cause du mal, le devoir du législateur est de la faire disparaître. Sa mission actuelle est donc de rétablir l'harmonie rompue entre l'institution et les faits. Il arrivera à son but en tenant une balance équitable entre la *famille* aujourd'hui trop protégée relativement, et le *public* qui ne l'est pas assez; et quant au moyen d'exécution, il consistera, par voie de conséquence, à restreindre dans de justes bornes les pouvoirs trop étendus concédés à *la famille*, et à étendre, au contraire, ceux trop restreints accordés *au public*.

Voilà, suivant nous, l'idée génératrice à laquelle obéit toute la réformation hypothécaire. Eh bien! les projets officiels ne donnent satisfaction à cette idée que d'une manière incomplète, dès que l'événement le plus important, celui qui régit la presque totalité du sol de la France, le droit de succession, en un mot, n'est pas publié.

24. — La nécessité de faire pénétrer une publicité utile dans les événements qui réglementent le droit de succession étant démontrée, et le but de la réformation étant suffisamment indiqué, nous avons maintenant à rechercher quelles sont les modifications législatives devenues nécessaires pour mettre la loi actuelle en harmonie avec les institutions nouvelles qu'il s'agit d'édifier.

Pour remplir la tâche que nous nous sommes imposée, nous jetterons d'abord un coup d'œil critique sur le système adopté par le Code civil, en ce qui touche *le droit de succession dans ses rapports avec les tiers...*

Puis, ce travail terminé, « Et afin d'exciter quelque « belle âme publique d'y adviser plus pertinemment, « nous réciterons, avec la permission du lecteur, quel- « ques conceptions sur ce subject qui se sont, au fil de « ce discours, rencontrées en notre entendement (1), » en d'autres termes, nous proposerons un système d'exécution dans l'établissement duquel nous nous écarterons le moins possible de ce qui existe aujourd'hui ; car de l'engourdissement il ne faut pas aller à la convulsion.

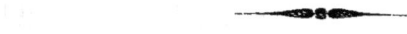

---

(1) Loyseau , *Traité du déguerpissement.*

DEUXIÈME PARTIE.

———

COUP D'ŒIL CRITIQUE SUR LE SYSTÈME DU CODE CIVIL, EN
CE QUI TOUCHE LE DROIT DE SUCCESSION DANS
SES RAPPORTS AVEC LES TIERS.

25. — Au moment où l'homme paie son tribut à la nature, la loi intervient pour lui donner un successeur. Il faut bien, en effet, qu'un autre prenne la place devenue vacante (1). A ce successeur appartient le droit de fixer le régime de la succession.

Si le successeur est un héritier légitime, ou même testamentaire *saisi*, il a trois partis à prendre :

Il peut....., ou consolider dans sa personne les effets de la *saisine* par une acceptation pure et simple...,

Ou se soustraire aux conséquences de la *saisine* par une renonciation...,

Ou profiter des avantages de la *saisine* sans en cou-

———

(1) Les auteurs du Code civil paraissent avoir méconnu cette règle fondamentale ; car il est des cas où la *personne* du défunt n'a pas de successeur.

rir les risques, par l'acceptation sous *bénéfice d'inventaire*.

Voilà pour la famille.

La séparation des patrimoines…, *individuelle* au cas d'acceptation pure et simple, et *collective* au cas d'acceptation bénéficiaire, forme le contre-poids nécessaire pour protéger les créanciers…

Voilà pour le *Public*, ou du moins pour une partie du *Public*.

Quant à l'autre partie du *Public*, la loi ne s'en est pas occupée. La jurisprudence se faisant législatrice, a comblé le vide à l'aide d'une théorie telle quelle sur la validité des aliénations consenties par l'héritier apparent, ou par l'étranger usurpateur de la qualité d'héritier.

26. — Ces idées fondamentales, l'oubli étant supposé réparé, doivent être conservées en grande partie, et le Code civil pourrait, à la rigueur, suffire encore longtemps à nos besoins, si l'exécution répondait convenablement à l'établissement du principe, et surtout, si les efforts combinés de la jurisprudence et de l'interprétation doctrinale tendaient à développer nettement les conséquences rationnelles de la théorie que nous venons de réduire à sa plus simple expression.

Mais tout d'abord nous remarquons des lacunes regrettables dans la fixation du caractère d'une catégorie importante de successeurs. La loi ne s'est occupée, dans le chapitre v du titre Ier du livre III, que des successions légitimes, et pourtant nous rencontrons, à chaque pas de la vie civile, des successeurs d'une espèce particulière. Quelle est la nature de leur droit? Quelle est son étendue? Quelle influence peuvent-ils avoir sur la fixation du régime successif? Sur ces questions capitales nous n'avons que des dispositions éparses, point de corps de doctrine, point de système arrêté!... Aussi, la jurisprudence marche-t-elle au hasard dans ces matières; elle entasse, il faut bien l'avouer, Pélion sur Ossa, confusion sur confusion : de telle sorte que le parti le plus sage que puisse prendre le magistrat indépendant et éclairé, est souvent de ne plus s'en rapporter qu'à son bon sens (1).

27. — Il faut donc que la loi comble la lacune signalée et qu'elle détermine avec précision la nature et l'étendue du droit des successeurs irréguliers. A cet

(1) Je me demande parfois quels conseils peuvent donner les avocats consultants, lorsque les parties viennent réclamer les lumières de leur savoir et de leur expérience, dans les affaires relatives *aux successeurs irréguliers, à la fixation des différents régimes successifs, à la séparation des patrimoines.* Tout cela marche, cependant..... comme cela peut marcher. On y va d'autant plus vite qu'on y comprend moins. Mais je réponds aussi que les Loyseau, les Ricard, les Henrys, les Furgole et tant d'autres n'existent plus. Nous n'avons plus d'avocats consultants. Cette partie de la profession du barreau, si importante pour la bonne administration de la justice, et si utile à la science elle-même, a disparu, ou peu s'en faut !... A peine quelques noms rares sont-ils cités comme les continuateurs de ces hommes la-

égard, l'application prétorienne des arrêts est parvenue
à quelques résultats importants, dont le législateur
pourrait tenir compte, sans se préoccuper de la théorie, juridique sans doute, mais stationnaire, des facultés.

Si, dans la crainte de voir leur projet rejeté par
l'assemblée nationale, les membres de la commission
n'osent entreprendre une révision pourtant urgente de
cette partie de notre droit, rien ne s'oppose à ce qu'ils
préparent au moins la solution du problême, en trai-
tant les côtés de la question qui intéressent les *crédits
civil et foncier* et par conséquent la loi hypothécaire
pour la révision de laquelle ils ont été désignés. Or, le
droit hypothécaire exige évidemment que les successeurs se fassent connaître le plus vite possible, et que
le régime qu'ils adoptent comme devant régler la succession, soit déterminé d'une manière *immuable* par
une formalité publique.

Autrement, la loi nouvelle, restant encore incomplète
sous le rapport le plus important, apportera des en-
traves à l'établissement et surtout au développement
tant demandé *des crédits civil et foncier.*

borieux qui passaient leur vie dans les études profondes. Eh bien ! cela
est fâcheux... et l'ordre moral et l'ordre politique s'en ressentent beaucoup. Car la science du droit est *la connaissance des choses divines et
humaines,* suivant Ulpien, et répétons encore, avec Montesquieu, que
*les lois sont les rapports nécessaires qui dérivent de la nature des
choses!...*

28. — Si, sous l'empire de ces idées, nous examinons les différents régimes successifs, tels qu'ils sont réglés aujourd'hui, il nous sera facile de démontrer que notre législation ne répond plus, sous ce rapport, que très-imparfaitement aux besoins de notre époque. Oserai-je même le dire? Le droit du bas-empire, dans ces matières, me paraît supérieur au nôtre. Les constitutions impériales qui réglementent le *jus deliberandi*, marchent au but avec une assurance que nous rechercherions vainement dans nos Codes. Et pourtant, les besoins du nouveau régime hypothécaire, loin d'autoriser les auteurs du Code civil à distendre les ressorts de la théorie romaine leur commandaient, au contraire, de les resserrer encore. Mais on sait que le projet de l'an VIII repoussait la publicité comme attentatoire aux secrets des familles. D'un autre côté, le titre des successions était terminé depuis longtemps lorsque le conseil d'Etat adopta, après une discussion orageuse, la publicité comme base du titre des hypothèques. Ces faits historiques nous expliquent peut-être pourquoi les dispositions, qui régissent les différents régimes successifs, répondent si peu aux besoins actuels.

Quoiqu'il en soit, précisons les reproches que nous adressons au Code civil dans ces matières.

Voyons d'abord *l'acceptation pure et simple*; nous examinerons ensuite le *bénéfice d'inventaire*.

§ Ier. — DE L'ACCEPTATION PURE ET SIMPLE.

29. — Suivant l'art. 724 du Code civil, les héritiers légitimes les plus proches (1) sont saisis de plein droit, purement et simplement, même à leur insçu si non malgré eux, des droits et actions du défunt, sous l'obligation d'acquitter toutes les charges de la succession.

L'investiture au profit de l'héritier saisi est instantanée, et la personne du défunt se trouve ainsi, sans lacune, continuée dans la personne de son héritier.

Suivant l'art. 723 combiné avec ledit art. 724, les successeurs irréguliers sont également saisis, en ce sens que *les biens leur passent*, dit la loi, dans les cas déterminés, mais ils n'ont *l'exercice* des droits qui leur sont transmis qu'après avoir obtenu *l'envoi en possession de la justice*, ou plutôt si nous généralisons, *de qui de droit*.

Quoique les textes du Code civil aient donné lieu à

(1) Nous ne pensons pas, au point de vue de l'interprétation du Code civil, que tous ceux qui peuvent être appelés à la succession soient saisis en même temps, comme le décident quelques auteurs. L'art. 724 est tiré de la coutume de Paris, qui ne saisissait que *l'hoir le plus proche*. Si celui-ci renonce, l'appelé à son défaut se trouve sans doute avoir été saisi *ab initio* et ainsi de suite...; mais il n'en faut pas moins considérer comme constant que le Code civil n'a voulu que consacrer le principe de l'ancienne jurisprudence. La rédaction de l'art. 724 est incomplète et voilà tout.

différents systèmes sur les caractères de la *saisine*, nous pensons que l'on peut, sans crainte, admettre en points de doctrine, les propositions suivantes.

A. — SAISINE LÉGITIME.

L'héritier légitime (art. 724), ajoutons le légataire universel au cas de l'art. 1006, sont devenus, dès l'instant du décès, 1° propriétaires, 2° possesseurs *civils*, malgré les termes de l'art. 2228, 3° créanciers des droits actifs, 4° débiteurs des charges passives de l'hérédité.

Ils ont, en général, le droit de libre disposition, et ils peuvent exercer toutes les actions de la succession, de même qu'ils peuvent être directement poursuivis à raison des dettes auxquelles ils demeurent *obligés* comme continuant la personne et les biens du défunt.

D'après le Code civil, si l'héritier saisi ne renonce pas à la succession dans les 30 ans à partir du décès, il devient un héritier nécessaire (art. 789); mais la faculté de renoncer est de droit, car, en France, *nul n'est héritier qui ne veut* (art. 785). Si nous retournons la proposition, nous dirons que *nul n'est héritier qui ne veut*, mais que, par exception au principe, l'héritier, qui se tait pendant 30 ans, accepte nécessairement la saisine avec toutes ses conséquences et devient par suite un héritier *nécessaire*.

Ce n'est pas le plus beau côté du système.

B. — SAISINE DES SUCCESSEURS IRRÉGULIERS.

Les successeurs irréguliers, les enfants naturels, les légataires partiaires, l'époux survivant, l'État, sont, comme les héritiers légitimes, saisis, même à leur insçu, 1° *de la propriété;* car suivant l'art. 723, *les biens leur passent* par l'effet seul de la loi, 2° *de la possession civile;* car autrement il faudrait admettre, ce qui n'est guère supposable, que saisis du plus ils ne sont pas saisis du moins, et que le Code civil aurait voulu qu'il n'y eut pas de *possesseurs,* au moins dans certains cas, depuis l'ouverture de la succession jusqu'à l'envoi *en possession.* Mais ces mots, *envoi en possession,* ne signifient rien autre chose que la reconnaissance, par qui de droit, de la qualité de successeur irrégulier et par conséquent de la faculté qui en dérive *d'exercer* en droit et en fait tout ce qui est la conséquence juridique de la transmission irrégulière, 3° des droits actifs et passifs de l'hérédité; mais à la différence des héritiers légitimes, ils ne peuvent poursuivre les débiteurs de la succession, ou être poursuivis par les créanciers du défunt qu'autant que leur qualité a été reconnue par l'événement appelé *envoi en possession.*

Ce n'est pas à dire pour cela qu'ils soient tenus comme

obligés personnels, *etiam ultra vires,* des charges de
l'hérédité. Ce dernier point fait l'objet d'une autre
question dont je ne m'occupe pas en ce moment.

Ainsi, la grande différence entre la saisine des héritiers légitimes et la saisine des successeurs irréguliers,
consiste principalement dans l'obligation, pour ces derniers, d'obtenir *l'envoi en possession*, ou, pour nous
exprimer plus exactement, *la reconnaissance par qui
de droit de leur qualité prétendue.*

Tels sont les principes que nous croyons résulter
des derniers travaux interprétatifs du Code civil, sur
cette matière difficile.

Passons maintenant de l'idée doctrinale à l'idée
pratique ; et ici, nous disons qu'il n'existe au fond des
choses, entre les deux saisines, qu'une *subtilité* dont
les conséquences, en théorie, sont très-graves, mais
qui, dans la pratique, sont depuis longtemps méconnues. Et ces conséquences sont méconnues..., pourquoi?... C'est parce que la confusion *réelle* des biens
devient *presque toujours,* en fait, un obstacle à l'application de la théorie abstraite et que dès-lors la pratique, qui ne voit jamais que l'utilité en toutes choses,
abandonne le principe aux spéculations de la science.
Aussi proposerons-nous plus tard d'abolir toute distinction entre les successeurs à la personne et les successeurs aux biens, et en cela, quelque téméraire que
pourra paraître notre proposition, au premier coup

d'œil, nous ne ferons cependant que demander la consécration législative de ce qui existe déjà réellement dans les habitudes des tribunaux. De cette manière, nous couperons court à des discussions interminables, et nous débarrasserons le droit de l'une de ses théories les plus ardues ; en même temps, nous obtiendrons, par ce moyen, l'immense avantage de procurer une précieuse garantie au crédit civil et même au crédit foncier : *au crédit civil,* en ce que les successeurs irréguliers seront tenus personnellement des dettes comme les héritiers légitimes ; *au crédit foncier*, en ce que nous éviterons tous les inconvénients du délaissement que la loi en discussion a rejeté déjà, avec tant de raison, du système hypothécaire, en ce qui touche les tiers détenteurs ordinaires.

30. — Cela posé, revenons à l'examen du régime successif, appelé *acceptation pure et simple.*

Avec la *saisine* telle qu'elle est comprise sous le Code civil, il est clair que *l'acceptation* est presque un non-sens législatif. En effet, l'analyste le plus consommé ne peut guère découvrir dans cet événement d'autre effet que celui de fermer à l'héritier la voie de la *renonciation*. C'est sans doute quelque chose, mais ce n'est pas assez.

Si la loi nouvelle se décidait pour un système radical, il lui serait facile, sans porter le trouble dans les dispositions du Code civil, de rendre à *l'acceptation pure et simple* toute l'importance qu'elle pourrait avoir. Pour cela, il lui suffirait de modifier la rédaction de l'art. 724 précité et de décider par un texte formel que les héritiers ne seraient saisis que *sous la condition* d'accepter *expressément* la succession dans un délai déterminé.

Nous verrons plus loin le parti que nous pourrons tirer de cete idée.

31. — Aux termes de l'art. 778 du Code civil, l'acceptation d'une succession peut être tacite. On sait combien de difficultés cet article soulève dans la pratique. Dangereux en lui-même, et pourtant difficile à supprimer entièrement, il pourrait être entouré de dispositions législatives dont l'objet serait de parer aux inconvénients qu'il entraîne à sa suite.

Il faut que le public soit frappé par un signe éclatant du droit de succession et qu'il sache à quoi s'en tenir sur le parti qu'a pris l'héritier. Or tout ce qui est tacite expose les intéressés à des difficultés. Combien de successibles n'ont-ils pas échappé, malgré des faits d'immixtion réelle, à l'obligation de payer les créanciers de la succession, et cela, parce que la preuve de l'acceptation tacite n'a pu être administrée, soit à raison du temps écoulé, soit à raison de circonstances particulières et imprévues !...

L'art. 778 est donc hostile au crédit civil. Les compliments que le capital reçoit de temps en temps l'ont

rendu défiant. Il faut lui donner des garanties sérieuses; autrement il se cache, et il n'existe pas de moyens
utiles pour le faire capituler par la violence. L'expérience déplorable de 1793 est, à cet égard, des plus
concluantes.

32. — Dans une législation bien organisée, la fixation du régime successif doit avoir *l'immutabilité du
destin* (1), parce qu'il y a trop d'intérêts engagés dans
la détermination prise par l'héritier pour que des événements imprévus puissent venir plus tard tromper
toutes les attentes légitimement conçues : attentes qui,
à vrai dire, sont, dans une organisation régie par la
publicité, de véritables droits.

Le Code civil, sur ce point fondamental, laisse encore beaucoup à désirer. Il ne rend qu'un hommage
timide au principe (art. 783). Il n'est pas vrai de dire,
sous son empire, que l'option de l'héritier pour tel ou
tel régime ou sa renonciation sont des événements irrévocables. Ils ne sont irrévocables que sous certains
rapports. La loi nouvelle doit donc s'appliquer à restreindre le plus possible ces expressions : *sous certains
rapports* (2). Il nous semble qu'aucune des exceptions

(1) J'emprunte cette expression caractéristique à une excellente bro-
chure, de M. Pougeard, sur les hypothèques.

(2) On admet quatre exceptions à la règle :

1° Dans le cas d'une acceptation frauduleuse faite pour porter préjudice aux créanciers de l'héritier (art. 1167).

au principe de l'irrévocabilité de l'acceptation, si ce n'est le défaut de capacité de l'acceptant, n'a de motif particulier suffisant pour être maintenue lors de la révision de la loi actuelle. De là, nécessité de réformer plusieurs dispositions et notamment l'art. 783.

En effet, suivant cet article, l'héritier peut se faire relever de son acceptation pour cause de dol, de quelque personne que le dol émane.

Quelques auteurs effrayés des conséquences d'une pareille doctrine ont cherché, malgré les termes généraux de la loi, à restreindre autant que possible les effets de cette rescision (1). Mais leur opinion n'est pas suivie. Il est généralement reconnu que le *dol* dont parle l'art. 783 est le dol qui tombe sur la chose même et non pas seulement sur la personne, que par conséquent la rescision de l'acceptation pour cette cause est absolue et produit ses effets en remettant l'acceptant au même et semblable état que si l'acceptation n'avait pas eu lieu, non seulement vis-à-vis de l'auteur des ma-

---

Et cependant! quoi de plus naturel et de moins suspect que de se porter héritier d'une succession déférée par la loi!...

2° Dans le cas d'incapacité de l'acceptant.

3° Lorsque l'acceptation est le résultat de la violence, ou d'un dol (art. 783).

4° Dans le cas de découverte d'un testament qui diminue audelà d'une certaine quotité l'importance de la succession (même article).

(1) Chabot, art. 783, n° 5. Delvincourt, t. II, p. 82, n° 9. Notes sur l'art. 783.

nœuvres dolosives, mais encore vis-à-vis de ceux des
cohéritiers ou créanciers du défunt, qui n'ont aucune-
ment participé au dol.

Une fois le dol admis comme cause de l'annullation
de l'acceptation, il faut arriver forcément à reconnaître
la violence comme équivalant au moins au dol, quoique la loi garde le silence à cet égard. Du dol à l'erreur
et de l'erreur à la lésion, il n'y a pas loin. Toutefois,
rendons-lui cette justice, le législateur du Code civil
s'est arrêté sur cette pente glissante (1). La lésion et
par conséquent l'erreur ne doivent pas être considé-
rées comme des causes de rescision, au moins en général.

33. — C'est ainsi que, de proche en proche, le Code
civil s'annihile lui-même. Il pose un principe vrai, à
savoir : que la détermination du régime successif est
irrévocable, et puis, la restriction apparaît, à l'instant
même, toujours au préjudice du public et par conséquent toujours au détriment *des crédits civil et foncier.*

Que la loi témoigne une excessive sollicitude pour
la famille qui a droit à une large protection..., rien de
mieux...; mais les consultants coutumiers n'ont-ils

_____

(1) C. civ. art. **783.** « Le majeur... ne peut jamais réclamer sous
prétexte de lésion, excepté seulement dans le cas où la succession se
trouverait absorbée ou diminuée de plus de moitié, par la découverte
d'un testament inconnu au moment de l'acceptation. »

pas outre-passé le but? Si, dans leur système primitif qui repoussait toute espèce de publicité, on conçoit la disposition finale de l'art. 783, il faut avouer que cette disposition se conçoit plus difficilement dès qu'ils se sont prononcés, en définitive, pour la publicité, au titre des hypothèques.

34. — Aujourd'hui l'état de toutes ces questions est bien changé. La substitution d'une république à une monarchie entraîne d'autres réformes que la substitution d'une monarchie à une république. Lorsque la question de publicité des hypothèques légales s'agita au conseil d'État, il fut décidé, après une discussion solennelle, que les intérêts de la famille seraient préférés à ceux des prêteurs et des acquéreurs. Aujourd'hui c'est l'intérêt de ces derniers qui va l'emporter, et rejeter sur le second plan l'intérêt de la famille. La question ne sera pas même discutée!... C'est que, en 1804, le législateur marchait *en reculant*, tandis qu'aujourd'hui il marche *en avant* (1)!...

35. — Continuons, et voyons si, la loi à la main,

(1) Au moment où nous écrivions ces lignes, nous étions bien loin de prévoir ce qui s'est passé à la tribune de l'assemblée. Car non seulement la question y a été discutée, mais encore la clandestinité des hypothèques légales a été conservée!... Et cela, en dépit du projet de la commission parlementaire lui-même!... Nous devons sans doute nous incliner devant la volonté souveraine des représentants de la France, et devant la toute puissance de l'urne du scrutin ; *sed, sub lege libertas,* et nous pouvons dire à nos mandataires que leur résolu-

nous parviendrons à faire prendre un parti à l'héritier ? Cette question est loin d'être oiseuse, elle est aussi
sérieuse que celle de savoir si l'on peut devenir propriétaire sans le Code civil.

Nous avons affaire à un héritier *normand* qui se fait
un malin plaisir de tenir le régime successif en suspens. Il se trouve saisi au premier degré. Un autre successible qui serait appelé à son défaut vient le trouver
et lui dit : « Notre parent est décédé, j'ai intérêt à sa-
« voir quel parti vous prenez ? Si vous acceptez, je me
« retire ; mais si vous renoncez, la loi m'appelle à
« votre défaut : acceptez-vous ? »

Le normand répond : « J'ai 30 ans pour me décider
« sur la question de savoir si j'accepterai (art. 789). »
— « Mais dans 30 ans, je n'existerai plus, et pendant
« cet intervalle de temps que vont devenir les biens
« héréditaires si vous voulez rester dans l'indécision ?
« Il est impossible que cela se passe ainsi : vous allez
« donc renoncer ? »

— « J'ai 30 ans pour me prononcer sur la question

tion inattendue, est loin d'avoir réuni les suffrages des hommes com-
pétents en pareille matière. Tout ce que nous désirons, c'est que ceux
qui nous suivront dans la carrière n'adressent pas un jour à l'assemblée
législative, à cette occasion, le reproche que nos devanciers et l'assemblée législative elle-même ont adressé au conseil d'Etat de l'Empire, à
l'occasion de la suppression du fameux art. 91 du projet des hypothèques, qui reproduisait l'art. 26 de la loi de Brumaire an VII et qui a
disparu, on ne sait comment !. .

« de savoir si je renoncerai. Liquidez la succession, si
« cela vous fait plaisir, mettez-vous en possession des
« biens, si vous le jugez convenable ; quant à moi,
« j'entends rester avec les droits qui résultent de ma
« position. Seulement, je vous déclare que je viendrai
« un jour, si j'aperçois quelque avantage à agir ainsi,
« vous remercier de vos peines et de vos soins, en in-
« tentant contre vous une certaine action que l'on
« nomme, en droit, *la pétition d'hérédité*. » — « S'il
« en est ainsi, j'aime mieux m'abstenir, au moins
« quant à présent ; mais dans 30 ans j'espère bien
« qu'il n'en sera plus de même ; car vous n'avez pas
« sans doute la prétention de paralyser éternellement
« les droits que la raison et la loi doivent me don-
« ner ?... » — « Dans 30 ans, je verrai le parti qu'il
« me conviendra de prendre... »

    — « Comment! 30 ans ne vous suffisent pas pour
« faire votre option ?... » — « Il y a quelques personnes
« qui semblent croire en effet qu'un délai de 30 ans
« est insuffisant pour cela. Cependant, on pense gé-
« néralement que, à l'expiration des 30 ans, ma po-
« sition sera quelque peu changée. Il paraît, au dire
« du plus grand nombre, que je ne pourrai plus *re-
« noncer*. » — « Le plus grand nombre aurait bien
« dû dire que vous ne pourriez plus *accepter;* cela au-
« rait beaucoup mieux convenu à mes enfants... Mais
« enfin, après 30 ans, vous ne pourrez plus *renoncer;*

« dès-lors vous resterez ce que la saisine vous a fait,
« c'est-à-dire héritier pur et simple? » — « Héritier
« *pur et simple? Oui* et *non*. Entendons-nous bien.
« *Oui*, si la succession est encore bonne à cette époque,
« mais *non*, si les créanciers héréditaires ont inter-
« rompu la prescription de leurs créances et si les
« biens laissés par le défunt ont été usucapés par des
« tiers. Dans ce dernier cas, je me garderai bien d'être
« *héritier pur et simple ;* car je me mettrais dans la
« dure nécessité de payer toutes les charges de la suc-
« cession, sans profiter de ses avantages, et vous com-
« prenez que la loi, qui me protége, n'a pu vouloir un
« résultat aussi déraisonnable. »

— « Eh bien, alors? » — « Eh bien! je verrai ce
« que j'aurai à faire. Peut-être finirai-je par le béné-
« fice d'inventaire? Car, selon toutes les probabilités,
« il paraît qu'il n'a pas de limites et qu'il dure au
« moins cent ans!... Cela, comme vous le voyez, est
« très-simple. » — « C'est en effet d'une simplicité
« qui m'effraie (1). Mais vous avez beau faire, il fau-

---

(1) Tout le monde connaît les difficultés d'interprétation que soulève
l'art. 789. Il existe à cet égard, cinq systèmes différents. M. Blondeau
les a examinés avec soin dans son *Traité de la séparation des patrimoines*, p. 617 et suivantes. L'objet de notre travail n'est pas de les
exposer ici. Il nous suffit de dire, comme on a pu le voir d'après le
colloque de nos deux successibles, que nous n'adoptons pas la théorie
de Chabot reproduite, dans ces derniers temps, par M. Marcadé. —
Comment en effet est-il possible d'admettre qu'une prescription établie

« dra bien que vous preniez un parti. Il doit y avoir
« des moyens... » Et le successible du 2ᵉ degré d'aller
trouver un avocat et de lui exposer la difficulté.

L'avocat est d'abord étonné de la question qui lui
est adressée ; puis il consulte sa bibliothèque d'arrêts
et d'interprètes, et, comme il lui arrive assez souvent
d'y trouver tout, à l'exception de ce qu'il y cherche,
il rejette bientôt ses livres avec colère, et le voilà tout
aussi embarrassé que son client. Mais il a l'esprit in-

contre l'héritier, ne le prive pas de l'avantage le plus précieux que
puisse avoir un successible, c'est-à-dire de l'avantage qui résulte de
la faculté d'accepter sous bénéfice d'inventaire? Nous pensons donc,
suivant l'opinion commune que, après les 30 ans de l'art. 789, le
temps de la maxime « *n'est héritier qui ne veut* » est passé, et que
l'héritier saisi devient irrévocablement un héritier *nécessaire*. Il reste
ce que la saisine l'a fait, c'est-à-dire *héritier pur et simple ;* par conséquent, le successible non saisi devient définitivement étranger à la
succession. La raison de cette solution est que la loi *accepte* elle-même
pour l'héritier qu'elle saisit et qui se tait. Il est héritier, non pas sous
la condition, *s'il accepte,* mais bien sous la condition, *s'il ne renonce
pas.* Après 30 ans, il ne peut plus opter entre l'acceptation ou la renonciation ; donc il reste définitivement *héritier pur et simple* par exception à la règle, *n'est, ne reste, ne demeure héritier qui ne veut.*
Mais si, comme interprète, nous adoptons cette théorie, devons-nous
l'admettre au point de vue de ce travail, c'est-à-dire comme solution
rationnelle d'une question de législation ? Ici, ne craignons pas de le
dire, il nous est difficile d'accepter la doctrine du Code civil et nous
croyons même devoir la condamner, parce que les auteurs de la loi
actuelle nous semblent avoir erré dans l'appréciation de l'intention
présumée du successible. Si une succession s'ouvre à mon profit et si
je reste 30 ans dans l'inaction, en présence d'un événement que je
connais ou que je suis réputé connaître, la présomption et par consé-

ventif et il excelle à tourner le point scabreux d'une
difficulté. En conséquence, il conseille à son client de
s'entendre avec un créancier de la succession, afin
que ce dernier lui rende le service de vaincre la résistance obstinée de notre héritier saisi. Le créancier qui
croit déjà tenir ses écus, prête son concours avec em-
pressement, et voilà notre *normand* traduit devant la
justice en paiement de la dette héréditaire. Cette fois,
il ne peut nous échapper. En effet, de trois choses
l'une :

Il faut, *ou qu'il renonce pour éviter la condamnation...,*

Ou qu'il accepte sous bénéfice d'inventaire...,

*Ou qu'il se laisse condamner en qualité d'héritier
pur et simple.*

Au premier cas, *celui de renonciation*, le successible du deuxième degré a atteint son but par une voie
indirecte ; mais le créancier est loin d'avoir atteint le
sien ; et comme il s'en plaint amèrement, le succes-

---

quent la conclusion doit être que *j'ai répudié et non pas que j'ai accepté la qualité d'héritier*, parce que les charges éventuelles d'une
succession s'opposent à ce que l'on puisse dire de moi : *qui ne dit
rien consent.* Il nous paraît donc plus rationnel de poser en principe,
au cas particulier, une présomption contraire. Ainsi, suivant notre
manière de voir, l'opinion de M. Duranton qui adopte le dernier système, même au point de vue de l'interprétation du Code civil, ce qui,
suivant nous, est inadmissible, n'en doit pas moins appeler toute l'attention du législateur dans le cas d'une révision du titre des successions.

sible rusé lui dit : « J'ai mon affaire, arrangez-vous
« comme vous le pourrez. La loi m'accorde trente ans
« pour accepter ou pour renoncer, et mes trente ans,
« je vous prie de le croire, ne courent que du jour de
« la renonciation. »

Le créancier commence par payer son avoué, et il
retourne vers son avocat pour le consulter sur la difficulté imprévue qui se présente. Celui-ci lui conseille
de s'en prendre au successible du deuxième degré,
puisque celui du premier a renoncé. Mais son client
lui fait cette objection : « Et s'il vient à renoncer aussi?..»
— « Eh bien ! vous pousserez plus avant... »
— « Quoi ! il faudra que j'aille jusqu'au douzième
« degré et chaque degré aura 30 ans !... J'aime mieux
« perdre ma créance que de me ruiner en frais. » Et
le créancier de notre espèce regagne son domicile en
faisant de profondes réflexions sur le Code civil (1).

Au second cas, *celui d'acceptation bénéficiaire*, la
succession est soumise au régime du bénéfice d'inven-

_____

(1) On dira peut-être que nous nous créons des difficultés imaginaires pour nous donner le plaisir de critiquer le Code civil , mais
que les inconvénients signalés sont loin d'avoir, en fait, toute la gravité que nous semblons leur donner, parce que, dans la pratique, tout
s'arrange soit au moyen d'une liquidation provoquée, soit au moyen
d'une prise de possession effectuée par les successibles des degrés ulté-
rieurs, soit enfin par des déclarations de vacance.

Sans doute, il faut bien sortir de ce labyrinthe, et, avec un peu de
bonne volonté, on en sort toujours. Mais, en droit, tous ces moyens ne

taire. Mais la fixation de ce régime est loin d'être irrévocable, puisque l'héritier peut être déclaré déchu
du bénéfice, et qu'il peut même s'arranger de manière
à s'en faire déchoir, au grand détriment des créanciers
de la succession : résultat fâcheux qui ne paraît pas
avoir été aperçu par les rédacteurs de la loi et qui,
cependant, entraîne à sa suite les plus graves inconvénients, dans les cas assez fréquents où l'héritier bénéficiaire devient lui-même insolvable.

Au troisième cas, *celui d'un jugement qui condamne
le successible saisi en qualité d'héritier pur et simple,*
l'héritier ainsi condamné l'est-il d'une manière absolue? Le régime de la succession se trouve-t-il fixé définitivement par le jugement, à l'égard de tous?...

Il faut bien décider l'affirmative, autrement il y aurait une lacune désespérante dans la loi ; c'est ce que
le grand jurisconsulte Merlin a parfaitement senti.
Mais, en France, nous avons la déplorable habitude
de nous occuper beaucoup plus de la conciliation des
détails que de l'intelligence de l'ensemble des systèmes.
En conséquence, l'interprétation de la doctrine, et des
arrêts surtout, confondant *l'absolu et le relatif*, par

sont que des expédients ingénieux que repousse même le texte de l'article 811 du Code civil. Voilà ce que nous avons voulu constater comme
preuve de la nécessité d'une révision du titre des successions et, sous
ce rapport, nous avons pensé qu'il n'était pas inutile de pousser les
choses jusqu'aux conséquences extrêmes.

suite d'une profonde combinaison des art. 800 et 1351 du Code civil, avec une discussion au conseil d'Etat dont le sens est, au moins, fort équivoque, s'est avisée d'aller décider que l'héritier condamné *comme héritier pur et simple*, n'était en aucune façon *héritier pur et simple* et qu'il n'était pas déchu à l'égard des tiers, c'est-à-dire ici, en général, à l'égard des personnes qui n'ont pas été parties au jugement, de la faculté d'accepter encore la succession *sous bénéfice d'inventaire* ou même d'y *renoncer*. En sorte que notre successible du deuxième degré, qui croyait ses espérances perdues sans retour en voyant la justice déclarer le successible saisi *héritier pur et simple*, conserve encore l'espoir légitime d'appréhender un jour la succession à son profit. Voyant que tout ce qui a été fait n'a abouti qu'à peu de chose et que tout cela ressemble singulièrement à un cercle vicieux, il regagne son domicile avec le créancier de notre première espèce, en faisant... comme lui... de profondes réflexions sur le Code civil.

36. — Concluons de tout ce qui précède, que le titre des successions laisse beaucoup à désirer dans toutes ces matières. Les tiers n'y sont pas utilement protégés, parce que la fixation du régime successif qui constitue leur plus précieuse garantie, n'arrive que très-difficilement à une solution définitive. La justice ne devrait pas être, pour ainsi dire, impuissante contre

la résistance passive de l'héritier. Si le grand avantage du Code civil, dans le système qu'il a consacré, est *la liberté* des successibles, cette *liberté* devrait avoir des bornes.

Toutefois, nous devons l'avouer, l'intérêt des parties corrige le plus souvent, en fait, ce qu'il y a d'incomplet dans la loi. Lorsqu'une succession est bonne, les héritiers abondent toujours pour la recueillir et généralement le public sait assez vite à quoi s'en tenir sur l'adoption de tel ou tel régime. Mais lorsqu'une succession chargée de dettes vient à s'ouvrir et que les créanciers se trouvent en présence d'héritiers qui tergiversent ou qui acceptent *sous bénéfice d'inventaire*, leur position devient bien plus difficile. Ici surtout l'avantage est du côté de la famille, et la protection accordée aux créanciers est bien insuffisante.

§ II. — DU BÉNÉFICE D'INVENTAIRE.

37. — De toutes les institutions du Code civil, il n'en existe aucune qui exige à un plus haut degré l'attention du législateur. Depuis le seizième siècle, les jurisconsultes les plus éminents et les praticiens les plus éclairés ont constamment critiqué l'organisation *du bénéfice d'inventaire* telle que l'ancienne jurisprudence nous l'a transmise. En effet, pour les créanciers héréditaires, *bénéfice d'inventaire* et *ruine* sont deux expressions trop souvent synonimes. Le bénéfice d'inventaire est pour les créanciers d'une succession, ce que la faillite est pour les créanciers du failli. Voilà le fait.

Avant de chercher les remèdes qu'il conviendrait d'apporter aux vices de cette institution, il faut étudier la cause du malaise que nos devanciers ont signalé avec tant d'énergie. Loyseau l'attribuait à la séparation collective des patrimoines que les praticiens ont introduite en cette matière, et comme, suivant lui, cette séparation avait été inventée par les interprètes, il proposait de la faire disparaître. Nous verrons plus tard si cette idée ne serait pas, en définitive, celle qui conviendrait le mieux aux besoins des crédits civil et foncier.

En attendant, précisons les reproches que nous adressons au bénéfice d'inventaire du Code civil. Il nous suffira, pour remplir notre but, de reproduire les plaintes si énergiquement exprimées par le plus radical de nos anciens auteurs français.

38. — Après s'être efforcé de démontrer que la séparation des patrimoines telle qu'elle se pratiquait de son temps, et telle qu'elle se pratique, au fond des choses, encore aujourd'hui, n'a pas de fondement dans le Droit romain, Loyseau continue en ces termes :

« Toutes fois en France, par cette fantasque imagi-
« nation de séparation du patrimoine en l'héritier par

« bénéfice d'inventaire, on le fait devenir *chauve-sou-*
« *ris*..... Mais cependant les pauvres créanciers, et
« principalement les rentiers, se trouvent acculés à la
« mort de leur debteur : car ne trouvant qu'un héri-
« tier par bénéfice d'inventaire et n'ayant personne
« sur qui ils puissent asseoir exécution, ils sont remis
« à plaider pour chacun terme d'arrérages, et attendre
« le compte de l'inventaire, ou le décret des immeu-
« bles de la succession. Et c'est pourquoy il ne faut
« sesbahir, si on ne voit plus maintenant d'autres hé-
« ritiers que par bénéfice d'inventaire, mesmes aux
« plus nobles et riches maisons, voire entre les Princes.
« Et si on estime niais et mal conseillés, ceux qui se
« portent héritiers purs et simples, ores que sans doute
« la succession soit opulente. Car pour 100 sols que
« coustent des lettres de bénéfice d'inventaire, on gai-
« gne pour le moins cette commodité qu'on ne peut
« être exécuté en ses biens ; de mode qu'on fait bonne
« chère des biens de la succession : sans avoir soucy
« d'en payer les dettes, attendant que les pauvres
« créanciers courent après l'esteuf, et facent décréter
« les héritages que cet héritier se fait adjuger à vil
« prix, à la mode des banqueroutiers : ou bien il
« gaigne ce point que les pauvres créanciers estans las
« de poursuyvre un décrèt, parmy les longueurs qu'on
« y scait apporter, composent avec l'héritier et quittent
« une partie pour avoir l'autre. Voilà comme le béné-

« fice d'inventaire , ainsi que nous le pratiquons, ne
« sert qu'à ennuyer, consommer et ruiner les pauvres
« créanciers, aux dépens et du salut et de l'honneur
« des défunts debteurs, et encore du violement de la
« foy des contrâts. Mais l'héritier qui jouit des biens
« ne se soucie pas que l'âme du défunt pâtisse pour
« ses dettes : et l'accoutumance a fait qu'aux plus ho-
« norables familles on ne tient plus à deshonneur de
« se porter héritier soubs bénéfice d'inventaire : et
« quant à la foy des contrats, les ruses et subtilités de
« pratique nous ont tellement endurcis que nous fai-
« sons aujourd'huy conscience de payer, tant que nous
« pouvons fuir et plaider.

« Je ne me puis tenir d'exlamer en cest endroit, *heu*
« *ubi prisca fides !* Où est cette foy de nos ancêtres
« jadis admirée et recommandée par les nations étran-
« gères ? Cette foy qui nous a acquis ce beau nom de
« Francs et François : foy, dis-je, qui estait telle,
« qu'ils se prètaient de l'argent pour rendre après leur
« mort (1) : veu qu'aujourd'huy le debteur estant
« mort, il faut faire estat ou de quitter sa dette ou
« plaider éternellement contre un héritier par bénéfice
« d'inventaire, et ce par le moyen de cette inique pra-
« tique et trompeuse chicannerie... Mais le bon Justi-
« nian ne pensa jamais à ce désordre... ce ont été les
« interprètes, etc. »

(1) Valère-Maxime.

III.   5

39. — C'est ainsi que s'exprimait Loyseau, et il avait raison… Ce qu'il y a de plus fâcheux, c'est qu'il a encore raison aujourd'hui. Combien de fois n'avons-nous pas vu les magistrats déplorer, pour les habitants des campagnes surtout, les conséquences désastreuses du bénéfice d'inventaire et, en général, de toutes ces administrations comptables prescrites dans un intérêt collectif !… Combien de frais inutiles, de lenteurs calculées, d'incidents ruineux !… Combien de sommes détournées de leur destination véritable !… Combien de caisses se sont ouvertes d'elles-mêmes pour recevoir et combien peu se sont ouvertes volontairement pour rendre !… Combien de créanciers légitimes enfin, ont été dépouillés et même ruinés par l'incurie, l'insouciance, l'apathie et la mauvaise foi interressées de syndics, de curateurs, d'héritiers bénéficiaires et autres administrateurs semblables !…

40. — Adressez-vous aux tribunaux, dira-t-on ; la loi ne vous en offre-t-elle pas les moyens ? Les personnes dont vous parlez doivent compter avec vous ?…

Mais cette *ultima ratio* n'est-elle pas une amère dérision ? est-ce que pour obtenir justice, il ne faut pas plaider en compte : ce qui est toujours quelque chose de grave ? Et comment plaider en compte avec un adversaire qui a par devers lui tous les éléments du compte !… Aussi la magistrature voit-elle rarement des demandes de cette nature. Beaucoup aiment mieux perdre leurs créances que de plaider, surtout lorsque ces créances sont peu importantes ; d'autres préfèrent transiger et quitter, comme le dit Loyseau, une partie pour avoir l'autre. C'est le moyen le plus sage et le plus généralement adopté. En attendant l'héritier jouit des biens de la succession. On le menace ; retranché derrière sa citadelle, il ne s'effraye pas, parce qu'il sait bien que, de guerre las, le créancier viendra capituler un jour, plutôt que d'entreprendre des poursuites dont le produit ne lui appartiendra pas!...

La loi a pensé, dit-on, que l'héritier bénéficiaire serait d'autant plus porté à bien administrer qu'il administrerait sa propre chose (1). C'est là suivant nous, une erreur démontrée par les faits. L'héritier bénéficiaire est d'autant plus porté à résister passivement aux créanciers que *moins il s'agitera pour leur donner et plus il aura un jour !* Voilà la vérité des choses : la loi s'est donc placée à un point de vue inexact, lorsqu'elle a soumis le bénéfice d'inventaire à une séparation collective, entraînant avec elle des formalités de justice et des procès en compte. Il y a encore, suivant nous, plus d'avantage pour tous à transiger avec l'héritier, et à lui reconnaître le droit de libre disposition sous certaines restrictions, pourvu qu'il soit

---

(1) *V*. le *Répertoire de Merlin.* V° héritier, sect. VII.

tenu *personnellement*, qu'à voir continuellement cet
héritier lui-même gêné et les créanciers de la succession ruinés par un système de formalités coûteuses et
dont l'utilité pratique est tout au moins un problème.
La plaie étant signalée depuis longtemps, il faut profiter de l'occasion, qui se présente, pour y porter re-
mède.

41. — Nous n'en dirons pas davantage sur le bénéfice d'inventaire. Il serait en effet inutile de critiquer
les détails de la loi, puisque c'est l'organisation interne
de l'institution elle-même que nous rejetons comme
dangereuse. Ce que nous voulons dans cette matière,
c'est plus qu'un remaniement de la législation actuelle,
c'est la création d'un nouveau système.

Avant de passer à la troisième partie de ce travail,
nous devons dire encore quelques mots sur les successions vacantes et sur celles en deshérence.

§ III. — DES SUCCESSIONS VACANTES ET DE LA DESHÉRENCE.

42. — Quelque soit notre désir d'éviter l'administration comptable, il nous faut la subir dans cette matière. Si la loi nouvelle se décide à maintenir ce qui
existe, elle doit, suivant nous, améliorer la position des
créanciers de la succession vacante. Elle arrivera à son
but, en indiquant, avec plus de précision que ne l'a fait

l'art. 811 du Code civil, les cas de vacance, et en exigeant du curateur, le dépôt au greffe du compte de son administration, et cela, dans un délai déterminé. Il faut que les créanciers de la succession puissent sans efforts et sans frais se procurer tous les renseignements nécessaires pour apprécier leur position.

Une réformation plus importante consisterait à supprimer le curateur actuel et à le remplacer par *la direction des domaines* qui, au moyen de ses agents dans chaque canton, serait chargée de l'administration des successions vacantes. La vacance deviendrait dans ce système une *deshérence provisoire,* et le pays aurait, par cette institution, l'avantage d'obtenir une garantie réelle à la place d'une garantie bien souvent illusoire ; car l'expérience démontre que les créanciers et surtout leurs héritiers s'habituent trop facilement à considérer comme perdues les créances à recouvrer contre les successions vacantes ; et il résulte de là qu'il n'est pas rare, dans la pratique des affaires, de voir les curateurs devenir, en fait, et rester, en définitive, les véritables héritiers du défunt. Trop heureux les créanciers, lorsqu'ils n'ont pas à subir les désastres causés par la fuite, la ruine et les abus de confiance de quelques-uns des hommes d'affaires qui sont ordinairement chargés de ces sortes d'administrations !... Le système que nous proposons aurait au moins cet avantage de décharger la magistrature d'une responsabilité morale bien grave!...

43. — La *deshérence* n'est pas la vacance. Ne serait-il pas convenable que la loi consacrât quelques dispositions à réglementer cet événement?... L'administration des domaines a donné, sur cette matière, à ses employés, des instructions empreintes de sagesse : les idées principales qu'elles renferment ne seraient pas déplacées dans un Code civil.

44. — Nous avons rempli les deux premières parties de notre tâche. Il est désormais constant qu'il existe dans le titre des successions une protection relativement trop étendue pour la famille, et une protection trop restreinte pour les intérêts du public. Il nous reste à aborder la troisième partie de ce travail : celle qui consiste à rechercher les moyens de rétablir l'harmonie rompue entre l'institution et les faits.

Loin de nous la pensée de viser à l'originalité...; ne voyons que le bien public et faisons notre profit de tout ce qui est bon et utile. Le mérite du jurisconsulte consiste bien moins à inventer qu'à faire jaillir des faits *l'idée génératrice, l'idée philosophique,* pour ensuite la revêtir d'une formule convenable. N'imitons pas surtout ces esprits malades qui, sous le vain prétexte d'un besoin d'aspiration vers un avenir... inconnu, entassent ruines sur ruines sans jamais réédifier. Si nous n'avions l'intime conviction que le résultat de nos méditations est plus favorable au crédit que ce qui existe aujourd'hui, nous garderions le silence, attendant la solution du problème avec anxiété, mais aussi avec le plus vif désir d'applaudir de tout cœur au succès de celui qui est appelé à la donner.

TROISIÈME PARTIE.

---

45. — Lorsque le législateur, placé entre deux principes opposés, est mis en demeure de se prononcer en faveur de l'un d'eux, il doit, pour assurer l'avenir de ses prescriptions, résister aux entraînements du système qu'il préfère et donner une satisfaction convenable aux exigences légitimes du système contraire.

C'est pour avoir méconnu cette règle que le Droit coutumier d'abord et le Code civil ensuite, ont si justement mérité les reproches qui leur ont été adressés dans les matières que nous traitons. Tâchons à notre tour de ne pas dépasser le but que nous nous proposons, et n'allons pas, sous prétexte de favoriser les intérêts du public, laisser la famille sans une protection suffisante :

« Est modus in rebus : sunt certi denique fines
« Quos ultrà citràque nequit consistere rectum »

a dit Horace ; il est d'autant plus à propos de rappeler cette éternelle vérité que des esprits ardents ayant vu , *en rêve*, le Pactole couler à pleins bords dans leurs banques territoriales, nous paraissent beaucoup trop disposés à leur tout sacrifier. Mais la propriété et la famille d'abord, les banques territoriales ensuite!...

Si les intérêts des crédits civil et foncier étaient seuls engagés dans la question, il serait facile, sans doute, d'organiser un système absolu qui leur donnât satisfaction. Il suffirait à la loi de poser quelques principes fondamentaux et d'en suivre les conséquences.

PREMIER SYSTÈME

que j'appellerai système originaire.

46. — Le législateur pourrait, sans grand danger, faire disparaître l'inégalité qui existe aujourd'hui entre les successeurs *à la personne* et les successeurs *aux biens*. Un système unique les régirait tous. L'enfant naturel, la femme, les légataires universels et partiaires, en un mot, tous ceux que l'interprétation doctrinale comprend sous la dénomination de *successeurs aux biens* seraient traités, sous le rapport de la saisine, avec la même faveur que la famille légitime. Cette base une fois admise, on considérerait la saisine comme étant conditionnelle, et on ne l'accorderait qu'à ceux des successibles appelés qui, dans un délai déterminé, viendraient en réclamer le bénéfice, par une acceptation publique. Leur silence serait considéré par la loi

comme une *renonciation*. L'État en dernier ordre serait l'héritier nécessaire, et comme tel, il devrait payer
les créanciers héréditaires, jusqu'à concurrence de la
valeur des biens de la succession. Dans ce système,
tous les successeurs, à l'exception de l'État, seraient
tenus indéfiniment des dettes suivant leurs parts héréditaires. Dès-lors il n'y aurait plus que deux régimes
successifs, *l'acceptation pure et simple et la deshérence*. Il va de soi que le partage redeviendrait ce qu'il
était dans le principe, ce qu'il est au fond des choses,
c'est-à-dire attributif de la propriété. Enfin les créanciers de la succession auraient leur moyen de protection dans la séparation individuelle des patrimoines,
et le public saurait, à l'expiration du délai, à quoi s'en
tenir, sur la transmission de la propriété.

47. — Aux membres de la famille qui se plain-
draient de la rigueur d'un tel système, le législateur
pourrait répondre :

« Il importe à la République que le droit de succes-
« cession ne reste pas livré à l'incertitude. Vous ne
« pouvez tenir en suspens les intérêts engagés dans la
« fixation du régime successif. La faculté que la loi
« d'un autre âge vous a donnée d'accepter ou de ré-
« pudier la succession pendant un temps illimité
« (C. civil, art. 789-800), ne peut subsister sous un
« système destiné à fonder sur des bases solides les
« crédits civil et foncier. Tout ce que je puis faire pour

« sauve-garder vos intérêts, c'est de vous mettre en
« en demeure de recueilltr la succession dans un délai
« de faveur. Je vous donnerai le temps nécessaire
« pour que vous puissiez prendre connaissance des
« forces et charges de l'hérédité, et délibérer sur le
« parti que vous jugerez convenable d'adopter ; mais
« ce délai passé sans déclaration de votre part, vous
« n'êtes plus héritiers à mes yeux ; je suis dans la né-
« cessité de dire que vous ne l'avez jamais été. Ne me
« fatiguez donc pas de vos plaintes ; car je vous ai ap-
« pelés et vous n'avez pas répondu à mon appel. »

48. — Cela simplifierait bien des choses !... En
effet le système que je viens d'exposer, est littéralement
l'antipode de celui adopté par le Code civil : c'est le
plus radical que l'on puisse raisonnablement mettre à
exécution.

Mais l'Empereur a dit quelque part qu'il s'était souvent aperçu, lors de la discussion du Code, en conseil
d'État, que *la trop grande simplicité dans les lois civiles était l'ennemie de la propriété :* j'ajouterai, *et
de la famille*, et de là je conclurai que le système ci-
dessus n'est pas admissible, parce que s'il est au plus
haut degré protecteur des intérêts du public, il me
paraît dangereux pour la famille. Or, comme nous
voulons, tout à la fois, une sérieuse protection pour le
public et pour la famille, il ne peut nous satisfaire.

49. — Et cependant !... on ne saurait nier que les

tendances de notre siècle aspirent à l'établissement de l'ordre de choses qu'il consacre. C'est que, pour l'expert clairvoyant, il s'opère incessamment un travail interne contre les anciennes institutions. Le magistrat se trouve, par position, plus à même que tout autre d'observer ce phénomène.

Citons un exemple qui vient se placer ici à propos. Si nous interrogeons un professeur sur la question de savoir si les successeurs aux biens, les légataires universels, les légataires partiaires, etc... sont tenus indéfiniment des dettes, il nous répondra : « Autre chose « est l'obligation de payer les dettes, autre chose est « la contribution des biens au paiement des dettes. « L'héritier légitime continuant la personne du défunt, « est seul soumis à l'obligation indéfinie de payer les « dettes : le légataire universel non saisi et le légataire « partiaire ne continuant pas la personne du défunt, « ne sont soumis au paiement des dettes que parce que « ces dettes frappent les biens qui contribuent à leur « acquittement, et qu'elles doivent en être déduites. « Ils ne sont donc tenus que *propter rem*, par conséquent jusqu'à concurrence seulement de la valeur « des biens. » Et le professeur aura cent fois raison au point de vue de l'interprétation de notre législation actuelle.

50. — Arrivons dans les faits. Cette question qui est d'un usage journalier dans la pratique, s'y discute à peine !... Un jour, cependant, elle se présenta incidemment à une contestation qui s'agitait devant le tribunal où j'ai l'honneur d'exercer mes fonctions. Notre compagnie était alors présidée par mon collègue et ami, M. Tirman, que, depuis, la mort nous a ravi avant l'âge..., l'une des belles intelligences pratiques qu'il m'ait été donné de rencontrer dans ma carrière !... Nous n'étions pas d'accord sur le point en litige : « Vous prenez, me disait-il, le quart des biens, donc « vous devez le quart des dettes? » — « Mais autre « chose est l'obligation de payer les dettes, et autre « chose est la contribution des biens au paiement des « dettes?... » et je lui développais la théorie que j'ai apprise à la Faculté. — « Cela est possible, reprenait- « il, mais cela est subtil. Vous prenez le quart des « biens, donc vous devez le quart des dettes; vous avez « le bénéfice d'inventaire, profitez-en? » — « Mais la « loi..., mais l'histoire de la loi?... » — « Mais le droit « prétorien des arrêts..., mais l'utilité?... » — « Que « devient alors, lui disais-je, la faculté de délaisser?» — « Le délaissement, me répondait-il, c'est *souvent* « le moyen des *fripons*, c'est *toujours* la ruine des « créanciers!... Il faut couper court à tout cela... »

Voilà le fait aux prises avec la loi ; et quand on voit lutter avec elle, la jurisprudence d'un homme aussi profondément versé dans l'analyse et la connaissance des faits et pourtant aussi soumis au législateur que l'était M. Tirman, c'est qu'il y a un besoin nouveau à satisfaire.

51. — Que l'on me pardonne de suivre un instant cette pensée, d'autant plus que ce que j'ai à dire a un rapport immédiat avec le crédit foncier.

Le notariat et surtout le notariat des campagnes est dans un état qui appelle au plus haut point l'attention du législateur. Les notaires de campagnes se sont faits banquiers, malgré toutes les défenses de la loi, et ils se sont faits banquiers... pourquoi?... parce qu'il n'est pas possible qu'ils ne se fassent pas, plus ou moins, banquiers.

En effet, c'est *d'abord* le capitaliste qui ne leur confie ses fonds à placer que sous leur garantie personnelle et secrète...; c'est, *ensuite* et surtout, l'habitant des campagnes qui ne se sépare de sa terre que quand il lui est désormais impossible de la conserver. Or, cet habitant des campagnes ne vend que parce qu'il lui faut de l'argent pour payer ses dettes, et pourtant il ne peut vendre avantageusement sans accorder des délais aux acquéreurs. Il va trouver son notaire et il lui tient ce langage : « J'ai une vente à faire, pouvez-« vous m'en avancer les fonds? Oui? vous ferez ma « vente. Non? un autre la fera à votre place ». Alors le notaire, placé entre son devoir et son intérêt, tergi-verse d'abord ; puis il se décide, sinon toujours par intérêt personnel, au moins par ce laissez-aller si sou-

vent fatal qui veut être agréable au client, par amour
propre, par vanité. On veut à tout prix devenir l'homme
important du canton! pour cela, il faut paraître être
riche; car, aux yeux du plus grand nombre, la consi-
dération publique est en raison directe de la fortune
apparente ou réelle!... Les questions, *capacité* et *rec-
titude de jugement*, ne sont que purement secondaires
en matière de notariat des campagnes!... En conséquence, les opérations dont nous parlons, se repro-
duisent souvent...; puis cette manière de faire devient
une habitude...; puis cela devient une banque d'es-
compte...; puis les pertes se succèdent...; les poursuites,
difficiles toujours à raison de la position du notaire
dans son canton, deviennent le plus souvent impos-
sibles, parce que les parcelles d'héritages non payées
par les acquéreurs sont trop peu importantes...; puis,
après quelques années d'exercice, l'embarras commence inévitablement, car il faut payer *d'un côté*, des
intérêts qui sont loin d'être exacts au rendez-vous
convenu *de l'autre :* En conséquence les recettes d'une
vente servent d'abord à solder d'autres ventes...; puis
elles ne les soldent plus qu'en partie...; puis elles ne
les soldent plus du tout!... Alors, cela se termine par
une cession d'office anticipée, si le notaire est honnête
homme et s'il a une comptabilité bien tenue qui l'a-
vertit du danger de continuer... : souvent aussi, cela
se termine par la ruine et quelquefois, par *l'abus de*

confiance pour couvrir quelque temps la ruine !... Et la fortune publique est compromise !...

52. — Qu'elle est la cause de ces désastres qui se passent à chaque instant sous nos yeux ?

C'est que dans ces matières, la loi est aux prises avec les faits. Le législateur a dit au notaire : « Vous ne « serez pas banquier ; » et le fait a répondu :

« Il me faut un banquier, et un banquier d'une es- « pèce particuliere, un banquier qui puisse attendre « l'amortissement successif et partiel du capital. La loi « ne me l'a pas donné..., eh bien ? je m'en suis créé « un. S'il ne fait pas ses affaires, ce n'est pas ma faute : « que la loi m'en procure un autre qui puisse remplir « mon but ? Je ne m'oppose pas à ce qu'on lui crééc « une position avantageuse. S'il me rend des services, « je ne dois pas être ingrat. »

Voilà, à mon sens, le plus grand argument que l'on puisse faire valoir en faveur des banques territoriales, et quoique je ne me fasse aucune illusion sur leur avenir, elles auront au moins, cet avantage de répondre pour un temps, sous ce rapport, aux besoins de notre époque. Mais qu'elles aient toujours devant les yeux, l'exemple du notariat leur véritable père ; il suffit de leur signaler l'écueil, à elles de l'éviter !...

53. — Revenons à notre sujet. Si nous nous som- mes égaré un instant dans les réflexions qui précèdent, c'est afin que le lecteur ne voie pas avec défiance les innovations législatives que nous allons proposer et qu'il ne les rejette pas sans examen.

Nous avons dit que le système précédemment exposé, quoique séduisant au premier coup d'œil par sa simplicité et son énergie, ne pouvait nous satisfaire, parce que les intérêts de la famille n'y étaient pas suffisamment sauvegardés ; recherchons maintenant si nous ne pourrions pas en tempérer la rigueur, tout en conservant ses principaux avantages, en ce qui touche les crédits civil et foncier. Si nous parvenons à établir convenablement cette proposition, nous approcherons de la solution du problème; car, il ne faut pas le perdre de vue, le but consiste à tenir une balance équitable entre la famille et le public.

54. — Et d'abord, est-ce une idée avouée par la morale que celle d'abolir toute distinction entre les successeurs à la personne et les successeurs aux biens?

Je vois s'amonceler bien des objections de la part des conservateurs quand même, et je crains de me placer sur un terrain brûlant. Mais il faut toujours avoir le courage de son opinion. Si, rendant la justice, nous devons avoir, sans cesse, présentes à notre esprit, ces belles paroles du président Favre : « *souvent* « *comme magistrat, j'ai décidé le contraire de ce* « *que j'avais décidé comme docteur,* » ne craignons pas, lorsque nous nous adressons au législateur, de *décider aujourd'hui comme docteurs, le contraire*

III.   6

de ce que nous avons été contraints de décider
comme magistrats.

La distinction des successeurs aux biens et des successeurs à la personne peut être supprimée, suivant
nous, sans que la morale ait à se plaindre ; nous irons
même plus loin et nous dirons que cette suppression
est l'une des conséquences de la constitution.

55. — Pourquoi, en effet, traiterions-nous la
femme moins favorablement que l'arrière-cousin du
12e degré ?

Si d'Aguesseau vivait encore, il nous répondrait que
cela a été ainsi prescrit dans l'intérêt de la conservation
des biens de la famille..., de cette famille, sans doute,
aux substitutions fidéi-commissaires....., de cette famille qui est nécessaire à la stabilité et à la splendeur
des trônes.... (1) Mais aujourd'hui, nous n'avons plus
de trône ; à la place du trône nous avons l'égalité républicaine : par conséquent, le motif qui reléguait la
femme au dernier rang, a émigré avec la famille de
d'Aguesseau !...

Voulez-vous absolument que la femme reste au 14^e
degré? J'y consentirai à la rigueur (2) : mais alors sai-
sissez-la, au moins, comme si elle était l'arrière-cou-

_____

(1) Le droit de la femme est fondé sur l'affection présumée du mari,
mais il est restreint tout à la fois par la loi naturelle qui appelle les
héritiers du sang avant elle, et par la loi politique.

(2) A la condition toutefois que l'on fera quelque chose pour elle
et qu'il lui sera accordé au moins un droit de créance quelconque.

sin du 12e. Vous la saisissez de la propriété, par le seul
fait de la loi, et vous ne voulez pas la saisir de l'exercice
des droits qui y sont attachés ; saisie du plus elle n'est
pas saisie du moins !... voilà le Code civil : Il a voulu
réserver ses faveurs à la famille légitime, et il a commencé par en rejeter, ou plutôt, ne craignons pas de
le dire, il a omis d'y comprendre la mère de famille (1).

56. — Passons à l'enfant naturel légalement reconnu.

« L'enfant naturel, dira l'orateur de l'extrémité, est
un être misérable qui paie cher le malheur de sa naissance. La loi, dans son système, a dû être fort embar-
rassée de sa présence. Aussi en a-t-elle fait une espèce
de successeur très-difficile à définir. Est-il simple

---

(1) On sait que les lois romaines admettaient l'épouse, *uxor*, qui
était *in manu*, au nombre des héritiers *siens* comme étant au rang de
fille (*V*. Gaïus III, § 3 et la *collatio leg. mos. et rom.* t. XV, c. II,
§ 3, qui a servi à rétablir le texte de Gaïus. — *V*. aussi La Novelle 53,
c. VI ; — La Novelle 74, c. V et La Novelle 117, c. V). Dans le *Droit
coutumier*, la succession était, en règle générale, déférée à la femme sous
les trois conditions suivantes : 1° Si le mariage était légitime, 2° s'il
n'y avait eu aucun divorce, 3° et si le défunt n'avait pas laissé de parent (*V*. à cet égard le titre *undè vir et uxor*. D. XXXVIII-XI). Mais
il existait en outre des usages particuliers. L'esprit des coutumes sur
cette matière est qu'elles témoignent d'un besoin qui se fait sentir ;
mais elles n'osent pas rompre l'ordre de successibilité. (*V*. sur cette
matière, Lebrun, *Traité des successions*, l. Ier, chap. VII.) Il est remarquable que cet auteur applique le principe de la saisine à la femme
(n° 39). *V*. enfin la *Concordance des Codes* de M. de St-Joseph, p. 40
et 41. Les Codes étrangers ont presque tous réparé l'omission du Code
civil.

créancier ? Est-il héritier ? Il n'est ni créancier ni héritier : Il est l'un et l'autre, il est on ne sait quoi ; car
la loi se prête à tous les systèmes. On est tenté de lui
appliquer l'expression *chauve-souris* que Loyseau,
dans son énergique originalité, appliquait si justement à l'héritier bénéficiaire. Et, en effet, comment
l'enfant naturel affronterait-il la lumière, quand la loi
l'expose à être couvert de la boue de nos rues par
les équipages de ses frères !..... Et qu'on ne dise pas
qu'il faut rendre un hommage à la famille et que je
donne un encouragement à l'immoralité... Je réponds,
au nom de l'égalité, que l'enfant naturel est le fils de
son père et le frère de son frère... *au nom de la justice*,
qu'il n'est pas coupable de la faute de son père... Et
au *nom de la fraternité*, que la loi ne doit pas lui
donner le droit de haïr son frère, quand il est déjà
assez malheureux de n'avoir que du mépris pour son
père qui a déshonoré sa mère !... La Convention n'a
pas hésité à admettre sur le pied de l'égalité, l'enfant
naturel reconnu à la succession paternelle (1).

(1) Suivant l'art. 2 de la loi du 12 brumaire an II, les droits de
successibilité des enfants naturels sont les mêmes que ceux des autres
enfants. Dans l'ancienne jurisprudence, les enfants naturels n'avaient
droit qu'à des aliments. (*V.* Lebrun, liv. Ier, chap. II, sect. Ire, n° 3.)
Le Code civil a adopté un système de transaction, et il a eu raison ;
mais il nous semble s'être arrêté en chemin, lorsqu'il a refusé la saisine aux enfants naturels. Une question de convenance ou de suscep-
tibilité de famille n'est que secondaire, quand il s'agit d'intérêts aussi
importants que ceux des crédits civil et foncier.

Revenons à son système de successions, c'est celui qui est en germe dans la constitution. »

Que répondrons-nous à cette philippique? Eh bien, nous lui dirons qu'elle a pu, autrefois, faire un grand effet devant le public des Jacobins, mais qu'elle agirait sagement en ne se produisant pas aujourd'hui (1). Car, si l'enfant naturel est le frère naturel de son frère, il n'en est pas et il ne peut pas en être le *frère civil!...* Et quant à l'autorité de la Convention, nous la repousserons, parce que Jean-Jacques lui a fait commettre une erreur *en morale.*

Mais, si nous ne voulons pas que l'enfant naturel, en concours avec ses frères et sœurs, soit traité sur le pied de l'égalité parfaite, ce n'est pas une raison pour ne pas améliorer sa position, dans certaines limites. A cet égard la jurisprudence des arrêts combat constamment les théories restrictives, quoique ces dernières nous semblent être plutôt dans l'esprit de la loi actuelle. En attendant une révision plus radicale de cette partie de notre législation, rien n'empêche pour donner satisfaction aux intérêts des crédits civil et foncier, de saisir l'enfant naturel, comme les héritiers légi-

(1) Cette idée incroyable a été émise par Cambacérès à la séance de la convention du 9 brumaire an II ; elle a été développée par le capucin Chabot au club des Jacobins, et consacrée par le décret ci-dessus rappelé. Il n'y avait pas de raison, avec un tel système, pour ne pas admettre aussi les enfants adultérins à la succession paternelle : mais un reste de pudeur les a fait exclure !...(*V.* art. 13 du décret.)

times, de la part et portion que le Code civil lui accorde.

57. — Passons aux légataires universels et partiaires.

La loi ne les saisit pas, si ce n'est au cas de l'art. 1006, c'est-à-dire lorsque le testateur s'est donné un héritier et qu'il n'existe pas de famille réservataire. Elle a omis de saisir les légataires partiaires appelés à recueillir toute la succession dans l'hypothèse prévue par cet article. Si donc, le testateur a laissé quatre légataires à titre universel, pour chacun un quart, ces légataires se trouvent dans l'obligation d'aller trouver le cousin du 12ᵉ degré et de lui demander qu'il ait la complaisance de les reconnaître pour les successeurs *utiles* du défunt. L'héritier saisi doit être très-honoré de cette visite qui n'a, en réalité, d'autre objet que de forcer les légataires à rendre hommage à son origine.

Voilà deux espèces, en voici une troisième.

Il semble que si j'ai le droit de me créer un héritier pour le tout (art. 1006), j'ai, à plus forte raison, le droit de m'en créer un pour 1/4, pour 1/3, pour une moitié : mais je n'ai pas cette espèce de droit, suivant le Code civil. Ce qui s'éloigne de la famille doit être rigoureusement restreint, et de ce que j'ai le droit de faire le *tout*, il ne résulte pas que j'aie le droit de faire *la partie*. Voilà la loi ; elle n'aime pas les étrangers.

Toutefois, elle les met à peu près sur la même ligne que la mère de famille et l'enfant naturel qu'elle n'aime pas non plus ; et, lorsqu'elle appelle l'enfant naturel, la mère de famille, et qu'elle permet d'appeler les étrangers, tous doivent s'incliner avec respect devant la famille saisie, ou devant la justice qui la représente et tous doivent leur demander humblement, non pas la propriété, car ils l'ont déjà, mais la possession des choses ou plutôt l'exercice des droits leur appartenant!... C'est ainsi que le Code civil a entendu le principe de l'égalité! Qui ne voit que toute cette législation obéit à un ordre de choses politique qui n'est plus le nôtre!...

58. — Mais, dira-t-on, il faut donc refaire le Code civil? Eh bien! sans doute. Est-ce qu'il n'y a pas nécessité de le mettre en harmonie avec la constitution? La révision du Code civil est une conséquence forcée de février. On commence par les hypothèques, on aurait dû commencer par les successions, pour passer ensuite aux tutelles, parce que le système des successions et celui des tutelles sont à réformer avant que l'on puisse utilement entreprendre la révision des hypothèques. Mais, ce que l'assemblée législative n'aura pas fait, une autre assemblée le fera. Seulement, comme on commence par où il n'eut pas fallu commencer, on sera obligé, dans l'avenir, de refaire en partie ce qu'aura fait l'assemblée législative.

59. — Revenons à nos successeurs *aux biens*. Nous les avons transformés en successeurs *aux personnes*. Cela nous a paru nécessaire pour simplifier la loi dans son exécution, cela nous a paru utile pour donner de sérieuses garanties aux crédits civil et foncier. Comme, en définitive, ni la morale ni l'équité n'ont de plaintes sérieuses à élever, comme, d'un autre côté, les créanciers de la succession sauront facilement à qui s'adresser, et comme ils n'auront plus à redouter les conséquences désastreuses du délaissement, nous croyons avoir fait une chose utile et bonne en elle-même que l'assemblée s'empressera de consacrer ; car elle ne veut que le bien public.

60. — Terminons sur ce point par une observation importante. On est loin d'être d'accord sur l'intelligence du principe de la saisine sous le Code civil.

Plusieurs systèmes sont en présence et il faut avouer qu'aucun de ceux proposés ne satisfait complètement la raison. Cela vient sans doute de ce que les rédacteurs de la loi n'ont pas posé nettement les bases de leur théorie. Pour nous, nous ne comprenons, en cette matière, que deux systèmes. Dans le premier, celui exposé ci-dessus, tous les successeurs *per universitatem* se trouvent saisis des droits actifs et passifs du défunt, sans aucune distinction entre la famille légitime, et les autres successeurs à titre universel ; dans

le second, tous les successeurs, aujourd'hui non saisis, ne doivent être considérés que comme de simples
créanciers. Mais admettre, comme paraît l'avoir fait
le Code civil, un système intermédiaire : déclarer,
d'un côté, les successeurs irréguliers non saisis, et
cependant *les saisir réellement*, au fond des choses,
sauf, si on le veut, la question d'*exercice* des droits
transmis, n'est-ce pas s'exposer volontairement à des
tiraillements contraires et à une foule de difficultés
et de mécomptes ? Nous le croyons, et les faits qui se
sont maintes fois passés sous nos yeux nous ont toujours conduit à penser qu'il y avait là quelque chose
à faire.

61. — Le second principe posé par notre *système
originaire*, est que la *saisine* aujourd'hui pure et
simple serait désormais conditionnelle.

La saisine, sous le Code civil, est l'événement par
lequel les parents légitimes appelés à l'hérédité deviennent ses représentants juridiques. Suivant notre
système, la saisine est l'événement par lequel tous les
successeurs, *per universitatem*, appelés soit par la
loi, soit par la volonté de l'homme manifestée légalement, deviennent ses représentants juridiques. Il n'y
a, comme on le voit, qu'une légère différence, et pourtant cette différence est bien importante. Les élèves de
nos facultés, j'en suis sûr, prieraient au besoin volontiers
l'assemblée de vouloir bien adopter notre système. S'ils

étaient appelés à juger la question, elle serait bientôt résolue (1).

Nous voulons donc rendre la saisine *conditionnelle*. Pourquoi cela? C'est afin que l'acceptation acquière un sens juridique, et que la renonciation forcée, dont nous parlerons plus tard, ait un motif plausible. Du reste, la condition accomplie produira son effet ordinaire, elle rétroagira au moment du décès. Quel inconvénient verrait-on à admettre cette idée? Elle a déjà été professée, même au point de vue de l'interprétation du Code actuel, par plusieurs auteurs. Il n'y a donc pas de convulsion à craindre jusques-là.

Mais nous arrivons à quelque chose de bien plus grave.

62. — Le troisième principe de notre système originaire consiste à n'accorder *la saisine* qu'à ceux des successibles appelés qui viendront en réclamer le bénéfice, *dans un délai déterminé*, par une acceptation publique. Leur silence sera considéré comme *une renonciation*.

Débarrassons-nous d'abord de ces expressions : *par une acceptation publique*. Un acte au greffe, et voilà notre acceptation publique réalisée. Mais là n'est pas la difficulté : elle est dans ces expressions : *les*

_____

(1) Les rapports des successeurs aux biens avec les successeurs légitimes et les tiers forment l'une des théories les plus ardues du Droit civil.

successibles seront tenus, sous peine d'être considérés
comme renonçants, d'accepter l'hérédité dans un dé-
lai déterminé :

Ecoutons, à cet égard, la banque territoriale.

« Il est utile, il est nécessaire, il est même indis-
« pensable que je sache à quoi m'en tenir sur la fixa-
« tion du régime successif, dans le plus bref délai. Plus
« vous resserrerez la famille, sous ce rapport, et plus je
« m'en trouverai bien. Il faut que, lorsque je prêterai
« mes fonds et que l'on me donnera en garantie des
« immeubles provenant de succession, je ne puisse, sous
« aucun prétexte, être exposée à la perte de mon gage.
« Si la vérification du droit de propriété de l'emprun-
« teur et du vendeur avec lequel on traite est commu-
« nément assez facile à un homme éclairé, tant qu'il
« n'a à examiner que des transmissions entre vifs, il
« en est autrement lorsqu'il s'agit de vérifier la légi-
« timité d'une acquisition par succession. La prudence
« la plus minutieuse ne peut donner la certitude que
« l'on traite avec le véritable héritier. Un successible
« plus rapproché peut réclamer la succession pendant
« 30 ans : Un testament peut être découvert utilement
« pendant le même délai, et si ces événements tou-
« jours possibles, toujours imprévus se réalisent (1)...,
« je serai nécessairement dépouillée. Le conseil d'Etat

(1) D'Hauthuille, de la *Révision hypothécaire*, p. 111.

« qui s'est occupé fort peu des idées de crédit, en 1804,
« n'a pas pensé à cela. Il est vrai que depuis, la cour
« de cassation y a pensé pour lui, en validant les ventes
« faites par l'héritier apparent. Mais, il faut l'avouer,
« la cour a plutôt rempli l'office du Préteur de Rome,
« qui corrigeait et émendait le Droit civil pour le
« mettre en rapport avec les progrès de la civilisation,
« qu'elle n'a interprété la législation existante. Ce
« n'est pas que je critique ses décisions, loin de là.
« Je pense, au contraire, qu'il serait très-utile
« de consacrer cet ordre d'idées, qui, chose re-
« marquable, s'impose par la seule force des faits et
« en dépit de la loi. Mais comme la jurisprudence de
« la cour de cassation peut varier sur un point aussi
« important, et comme il existe encore, en France,
« des magistrats indépendants, il y a nécessité de me
« mettre, par des textes formels, à l'abri des dangers
« signalés. Or, le meilleur moyen, celui qui coupe
« court à toute incertitude, est d'appeler les héritiers
« à recueillir la succession dans un délai déterminé,
« passé lequel, ils seront considérés comme ayant re-
« noncé.

63. — Ecoutons, à son tour, la famille.

« Il serait, sans doute, bien à désirer que l'on pût
« parvenir promptement au résultat que vous voulez
« atteindre; mais votre système est trop absolu et je
« ne puis l'admettre que moyennant une large con-

« cession de votre part. Mille circonstances peuvent
« faire que les véritables héritiers ignorent le décès de
« leur auteur. N'y aurait-il pas aussi injustice à for-
« clore, par un délai de rigueur, les légataires qui
« n'ont pu connaître les dispositions du testateur et les
« citoyens absents de leur patrie, peut-être pour un
« service public?... Vous voulez l'égalité républicaine
« entre les créanciers et la famille ; cela est impossible.
« Le délai de l'art. 2111 ne me suffit pas. Il me faut
« au moins, en principe, 30 ans pour que je puisse
« me présenter utilement à la succession. Mais si un
« délai aussi long doit être maintenu, rien ne nous
« empêchera, pour donner satisfaction à vos exigences
« légitimes, de prendre des mesures pour faire appa-
« raître forcément la fixation du régime successif bien
« avant l'expiration du délai fatal, et, au moyen d'une
« procédure en forclusion, peut-être parviendrons-nous
« à concilier les intérêts de tous.

« Quant à ceux qui auront traité de bonne foi avec
« les héritiers apparents, il est équitable que nous ve-
« nions à leur secours ; seulement, je vous supplierai
« de vouloir bien conserver, pendant un temps assez
« court, à l'action en pétition d'hérédité son caractère
« réel : car une action purement personnelle contre
« l'usurpateur de la qualité d'héritier ne serait pas
« toujours une protection suffisante pour les véritables
« appelés.

« A ces conditions, je puis, à la rigueur, accepter
« votre système. Au fond des choses, peu vous im-
« porte que le délai soit de 30 ans, si je parviens par
« un moyen quelconque à vous donner des garanties
« sérieuses, tout en protégeant les intérêts sacrés de la
« famille.

« Ainsi nous sommes d'accord : votre délai et un
« délai de 30 ans, passé lequel, je vous concède que
« le successible saisi sera considéré légalement comme
« ayant renoncé. »

64. — Le *quatrième principe* de notre système
originaire consiste à dire que tous les successeurs *per
universitatem*, sont tenus indéfiniment des dettes, suivant leurs parts héréditaires.

Malgré tous ses inconvénients, nous conservons le
principe de la division des créances et des dettes, mais
nous en corrigeons les abus au moyen de l'indivisibilité du droit de séparation, lorsqu'il est inscrit dans
les six mois du décès. Si ce que nous avons dit plus
haut sur l'abrogation de la distinction entre les successeurs *à la personne* et ceux *aux biens*, est vrai, ce
quatrième principe est admis sans difficulté dans
notre théorie.

Pour le fonder en équité et en droit, nous disons,
avec M. Tirman, que le successeur *per universitatem*
qui prend le quart des biens, doit personnellement le
quart des dettes, que cela, à tort ou à raison, s'est im-

planté dans la pratique, malgré tous les raisonnements de la doctrine. Nous disons, surtout, que cela est utile pour éviter tous les inconvénients du délaissement, les curatelles, les saisies immobilières, les administrations comptables : toutes choses que notre expérience pratique, basée sur la taxe des mémoires de frais, nous a fait prendre en aversion.

65. — Le *cinquième principe* qui résulte implicitement de notre système originaire est que la banque hypothécaire ne reconnaît pas de bénéfice d'inventaire. L'acceptation ne peut être que pure et simple. Acceptez, ou renoncez ; mais point de transaction.

« La transaction m'est nuisible au plus haut point, « dit le radical crédit foncier. Je ne veux point de bé- « néfice d'inventaire. Chacun doit être le maître de sa « chose et doit pouvoir la donner en gage. Or, le « droit de libre disposition étant restreint, sous ce ré- « gime, par des formalités prescrites dans un intérêt « collectif, il résulte de là qu'une partie des immeu- « bles de la France échappe en réalité à mon action « territoriale. Cela ne peut donc subsister avec le nou- « veau système. Aussi je coupe court à toute difficulté, « en supprimant l'institution elle-même. »

La famille. — « Il y a pourtant des auteurs qui « décident que l'héritier bénéficiaire peut vendre ses « immeubles tout aussi bien que l'héritier pur et sim- « ple, sans aucune formalité de justice, et que la seule

« peine qu'il encoure consiste à être tenu indéfiniment
« des dettes, comme déchu du bénéfice. Pourquoi ne
« suivez-vous pas leur opinion ? Elle vous est cependant
« très-favorable ?...»

Le crédit foncier. — « Cela est possible ; mais je
« n'ai pas à m'inquiéter de ce que décident ou ne dé-
« cident pas les docteurs plus ou moins habiles à in-
« terpréter les textes. Il me suffit de savoir, *en fait,*
« que les bons héritiers bénéficiaires n'agissent jamais
« ainsi ; il n'y a que les insolvables, ceux qui n'ont
« pas de fortune personnelle qui se permettent cette
« licence ; et les créanciers de la succession pourraient
« fort bien venir prétendre, *avec le simple bon sens,*
« que l'administration collective du bénéfice d'inven-
« taire a été prescrite dans leur intérêt tout aussi bien
« que dans celui de l'héritier et qu'ils ne reconnaissent,
« en aucune façon, à ce dernier le droit de la sup-
« primer.

La famille — « Vous avez raison sous beaucoup
« de rapports, et comme j'entre largement dans vos
« vues progressives, je me réunis à vous pour suppri-
« mer le bénéfice d'inventaire du Code civil. Je crois
« que, somme totale, nous y gagnerons l'un et l'autre.
« Je reconquerrai le plus cher de mes droits que je
« n'aurais jamais dû perdre, *celui de libre disposition,*
« sauf la restriction équitable de l'art. 2111, et vous,
« vous acquerrez la facilité d'accepter en gage les

« biens dont je pourrai disposer. Les hommes d'af-
« faires seuls y perdront.

« Mais, citoyen crédit foncier, si je veux la liberté
« du commerce, c'est parce que je ne veux pas le
« *maximum*. Votre suppression, sans aucune indem-
« nité pour moi, est révolutionnaire, et nous avons eu
« déjà bien assez de révolutions. Dans le principe, on
« est parti d'une base semblable à la vôtre ; on ne con-
« naissait que l'acceptation. Mais à mesure que la ci-
« vilisation a fait des progrès, le Prêteur a senti la
« nécessité d'adoucir la rigueur de votre système : de
« là, la *separatio bonorum*, le *spatium deliberandi*,
« le *bénéfice d'abstension*, le *privilège des militaires*
« de ne pas être tenus sur leurs propres biens des
« dettes du défunt dont ils avaient imprudemment ac-
« cepté la succession, et puis enfin.., *le bénéfice d'in-
« ventaire*. Or, les motifs du Prêteur et de Justinien sub-
« sistent encore aujourd'hui. Votre radicalisme vient
« donc se heurter ici contre une impossibilité. Il me
« faut un bénéfice d'inventaire quelconque. Seule-
« ment, comme je reconnais que celui actuel nous est
« nuisible à tous deux, je vais tâcher de vous en pro-
« poser un autre. Vous reconnaîtrez facilement que
« c'est à moi, qui fais un sacrifice, à l'organiser comme
« je le jugerai convenable. »

Le crédit foncier : — « Cela est de toute justice, car
« je ne vois pas ce que je pourrais sacrifier si cette

III.   7

« institution était conservée telle qu'elle est réglée au-
« jourd'hui. Hâtez-vous donc de m'exposer votre bé-
« néfice d'inventaire ? »

La famille. — « Le voici, et ne croyez pas que je
« l'invente à l'instant, ou que j'aille le puiser dans les
« rêves de mes ennemis ou de leurs sectaires. Mon
« système date au moins du temps de Henri IV, et
« celui qui prendra la peine d'y regarder à fond,
« pourra peut-être bien le faire remonter au règne de
« Justinien lui-même, c'est-à-dire au sixième siècle.

« Quel est l'objet principal du bénéfice d'inventaire ?
« C'est de garantir de tout préjudice l'héritier qui
« adopte ce régime. Voilà pourquoi cet héritier n'est
« tenu que jusqu'à concurrence de l'actif de l'héré-
« dité. Les créanciers de la succession ne peuvent pas
« se plaindre de cette institution, car ils n'ont dû rai-
« sonnablement compter que sur le patrimoine de leur
« débiteur. De là le système de séparation collective
« organisé par la loi, pour protéger tout à la fois la
« personne du représentant du défunt contre les pour-
« suites des créanciers de la succession, et ces derniers
« contre la mauvaise administration possible et très-
« fréquente de l'héritier dont la conduite suspecte nous
« annonce bien, de sa part, l'intention de ne courir
« aucune chance de perte, mais ne nous annonce pas
« aussi clairement celle de ne pas tenter quelques
« chances illicites de gain. Voilà la base fondamentale

« du Code civil en cette matière. Mais si nous recon-
« naissons que les moyens employés par le législateur
« sont souvent plus nuisibles qu'avantageux aux créan-
« ciers de la succession et à l'héritier lui-même, si
« nous reconnaissons qu'ils ont fréquemment pour ré-
« sultat d'égarer l'actif de la succession dans des che-
« mins de traverse, ne ramènerons-nous pas cet actif
» sur la bonne route, en faisant de l'héritier bénéfi-
« ciaire un héritier pur et simple qui ne sera toutefois
« tenu *personnellement* que jusqu'à concurrence de
« l'importance réelle de l'hérédité? S'il faut un peu
« gêner son droit de *libre disposition* en ce qui touche
« le mobilier, pour qu'il ne lui prenne pas la fantaisie
« de tromper les créanciers, nous ne nous y épargne-
« rons pas : mais, en ce qui touche les immeubles,
« nous n'avons pas besoin de la *separatio collectiva*
« *bonorum* des anciens praticiens, nous pouvons, sans
« danger, nous contenter de la *separatio individua*
« *bonorum* de M. Blondeau. »

66. — Or donc, notre héritier bénéficiaire est un
héritier pur et simple tenu seulement jusqu'à concurrence de l'actif de la succession. Nous lui imposons
l'obligation de faire inventaire, afin de connaître l'importance des valeurs mobilières laissées par le défunt.
Tant que la somme déterminée par cet inventaire ou
par le produit de la vente du mobilier n'est pas épui-
sée, les créanciers de la succession peuvent le pour-

suivre en paiement de leurs créances et obtenir satisfaction par préférence à ses créanciers particuliers, au
moyen de la *séparation individuelle*, c'est-à-dire
d'une cause de préférence sur le mobilier qui peut se
produire utilement pendant trois ans à partir du décès,
suivant l'art. 880 du Code civil. Voilà pour le mobilier
corporel. Quant aux créances actives dépendant de la
succession, les créanciers héréditaires n'ont-ils pas le
droit de les saisir-arrêter ou d'intervenir dans les saisies-arrêts, faites par les étrangers, et de venir revendiquer leur privilége? Enfin, les art. 2111 et 2113 du
Code civil ne nous procurent-ils pas le moyen fort
sage et fort utile d'empêcher que les immeubles provenant du défunt puissent être détournés de leur destination légitime? Si l'héritier les vend, nous en con-
naîtrons le prix par la transcription et au besoin par la
surenchère. S'il ne les vend pas et s'il veut conserver
ses ruineuses habitudes de fuir et de plaider, la saisie
immobilière saura bien le forcer à capituler. Car les
titres exécutoires contre le défunt deviennent, sans danger réel, exécutoires contre sa personne. En effet, il
arrivera de deux choses, l'une : ou que la succession
sera suffisante pour désintéresser tous les créanciers,
ou qu'elle ne présentera pas un actif suffisant pour
obtenir ce résultat. *Au premier cas*, le représentant du
défunt se hâtera, pour éviter tous les embarras de l'ex-
propriation, de payer les créanciers, sans difficulté, et

cela, tant sur les biens de la succession que sur ses biens propres ; *au second cas*, nous lui donnerons le droit de venir former opposition aux poursuites, et de prouver à la justice que la succession ne vaut pas ce qu'on lui demande.

Et qu'on ne craigne pas que le droit d'opposition aux poursuites puisse entraîner des difficultés semblables à celles qui résultent de la *séparation collective* et du compte du bénéfice d'inventaire actuel. Il y a la question des frais qui tempérera l'humeur belliqueuse de l'héritier bénéficiaire, tout aussi bien que celle du créancier retardataire qui n'aura pas profité du bénéfice individuel de la séparation des patrimoines (articles 880–2111).

67. — Si le système que nous proposons nous jetait dans l'inconnu, on pourrait y faire des objections sérieuses ; mais, tous les jours, il se pratique et nous n'avons jamais vu qu'il entraînât avec lui de graves inconvénients.

N'avons-nous pas la femme commune en biens, qui n'est tenue des dettes de la communauté que jusqu'à concurrence de son émolument (C. civ. art. 1483) ? Et cependant la loi n'a pas pensé qu'il fût nécessaire de la renfermer dans la citadelle imprenable et dangereuse de l'héritier bénéficiaire actuel. Un simple acte, *l'inventaire*, lui a paru suffisant pour garantir les droits de tous. Et en effet, à quoi servent, au fond des choses, toutes les formalités du bénéfice d'inventaire, si ce n'est à gêner l'héritier et à ruiner les créanciers de la succession !...

En adoptant les bases ci-dessus posées comme devant fonder une nouvelle théorie, le législateur évitera toutes les absurdités du *bénéfice d'inventaire actuel.* « A osquels il y a long temps qu'on cherche reméde. « Et puisque, en cette ouverture, l'équité et la vérité « concourent ensemblement, j'espère qu'elle sera prise « en bonne part de ceux qui, sans opinion préjugée, « voudront plutôt donner place à la raison, quoy que « non pratiquée, que suivre une pratique déraison- « nable (1). »

68. — Terminons, sur ce point, par une réflexion analogue à celle que nous avons faite précédemment sur la théorie des successeurs saisis et des successeurs aux biens. Nous ne comprenons, *en matière de bénéfice d'inventaire,* que deux systèmes : l'un est celui ci-dessus exposé, et l'autre consiste à réduire, pendant un délai déterminé, l'héritier bénéficiaire au rôle d'un syndic ou d'un curateur aux biens. Mais, louvoyer entre ces deux idées comme l'a fait le Code civil, faire de l'héritier bénéficiaire, *un être douteux*, lui donner le droit de payer les créanciers lorsqu'ils se présentent, autoriser avec la jurisprudence les saisies-

_____

(1) Loyseau, du *Déguerpissement,* liv. II, de l'action mixte, n°s 17-21.

arrêts entre les mains des débiteurs de la succession,
et, par ce moyen, accorder à quelques créanciers la
possibilité d'obtenir dans ces matières qui les repoussent, de véritables priviléges : interdire, d'un *autre
côté*, aux créanciers, comme conséquence, juridique et
fondée en raison, du principe de l'administration
comptable prescrite dans l'intérêt de tous, le droit d'acquérir des causes de préférence (art. 2146), etc..., cela
signifie tout à la fois qu'il y a, et qu'il n'y a pas administration collective,... cela se traduit par ces mots :
demi-mesures,... cela doit se traduire, aux yeux de tout
homme sensé et indépendant, par... *réformation nécessaire*. Quant au point de départ de cette réformation future, le législateur se trouvera placé entre les
deux systèmes; il pourra opter pour l'un ou pour
l'autre. L'un a pour base *l'administration collective*,
l'autre a pour base *l'individualisme*. Nous repoussons
le premier de ces systèmes, parce qu'il entraîne trop
d'inconvénients à sa suite, à raison de la complication
de ses rouages. Nous adoptons le second, parce que
l'intérêt personnel est le plus puissant mobile des actions des hommes. Plus la propriété se divise, plus
elle se fait exclusive et par conséquent plus les droits
qui en découlent *s'individualisent*. Retourner aux
missiones in possessionem des romains, introduire
dans la loi civile des successions le système des faillites commerciales, serait, à mon sens, faire un pas

rétrograde. Les meilleurs esprits seront divisés un jour
sur ce point fondamental ; c'est à l'avenir à nous apprendre de quel côté se trouve la vérité.

69. — Le sixième et dernier principe de notre système originaire, consiste à supprimer le célèbre art. 883
du Code civil. Le partage doit redevenir ce qu'il est
au fond des choses, c'est-à-dire, attributif de la propriété.

· Le projet de M. Persil, en dépit de ses termes contraires, suppose au fond l'abrogation de l'art. 883, et si
on conserve cet article, on ne fera que prolonger inu-
tilement son agonie. Il nous faut donc quitter cette
règle si remarquable de notre ancien Droit coutumier.
Cela est fâcheux sous bien des rapports, et ses partisans
pourront lui faire une belle oraison funèbre ; mais elle
ne peut, à mon sens, continuer de vivre sous le nouveau régime hypothécaire. L'idée *Public* a pris une
trop grande extension pour que l'art. 883 puisse poursuivre sa carrière. Son temps est passé comme le temps
de bien autres choses !... Enfanté par l'aversion des
jurisconsultes pour la fiscalité, le principe actuel des
partages s'est insinué, vers la fin du seizième siècle,
dans le Droit civil, parce que l'organisation politique
de l'Etat concourait, de tous ses efforts, à consacrer la
conséquence qui en découlait naturellement, à savoir:
*la protection utile et peut-être même exagérée de la
famille ;* mais aujourd'hui sa raison d'être n'existe

plus, ou du moins, les intérêts qui lui sont contraires sont devenus trop importants pour ne pas en exiger le sacrifice. La question *d'économie politique* absorbe, ce nous semble, la question *civile*.

70. — Nous ne nous arrêterons pas à développer la contre-partie du système qui consiste dans les moyens organisés pour protéger les créanciers de la succession. Nous l'avons déjà fait dans le second volume de ces Études. Seulement, nous ferons remarquer que, interprète de la loi, nous ne pouvions nous permettre de supprimer le bénéfice d'inventaire tel qu'il existe aujourd'hui, et que, par conséquent, la théorie du bénéfice individuel de la séparation des patrimoines devrait, si jamais les idées précédemment émises venaient à être adoptées, recevoir quelques modifications devenues nécessaires par la création d'un nouveau bénéfice d'inventaire. Ainsi, il est clair que l'art. 2146 du Code civil serait nécessairement mis de côté, en ce qui touche la disposition relative aux créanciers des successions soumises à ce régime.

71. — Nous avons parcouru le cercle que nous nous étions tracé. Il ne nous reste plus qu'à résumer le système que nous proposons. Nous ferons ce résumé en forme de projet de loi. Notre prétention n'est pas, sans doute, de fournir ici un projet complet. Nous voulons seulement indiquer les bases de la combinaison que nous croyons devenue nécessaire pour la mise en harmonie du titre des successions avec le nouveau régime hypothécaire.

« Si, comme l'a dit l'auteur du *Traité des Actions* « *en Droit romain* (1), nos idées sur ce sujet ne sont « que de vaines utopies, *ægri somnia!...* le mal ne « sera pas grand. Ce sera une bien petite goutte d'eau « ajoutée à l'incommensurable océan des erreurs hu- « maines! Si au contraire, on peut y trouver le germe « de quelque chose d'utile à appliquer un jour, nous « aurons obtenu la plus haute récompense que nous « puissions espérer. »

(1) M. Bonjean, *Traité des Actions en Droit romain*, § 92.

QUATRIÈME PARTIE.

RÉSUMÉ DU SYSTÈME PROPOSÉ.

DISPOSITIONS GÉNÉRALES.

§ Ier. — PROTECTION DE LA FAMILLE.
(Lato sensu.)

ARTICLE 1er.

72. — Les héritiers légitimes les plus proches sont saisis par la loi, des biens, droits et actions du défunt, sous l'obligation d'acquitter les dettes et charges de la succession (1).

ART. 2.

Sont assimilés, sous ce rapport, aux successeurs lé-

(1) Lorsque nous disons (*suprà* n° 61) que la saisine pourrait être conditionnelle, nous n'entendons pas par là apporter une modification profonde au principe posé par le Code civil et considérer les successibles saisis comme étant placés, *ab initio*, sous une présomption de renonciation. Ce n'est qu'après 30 ans écoulés sans acceptation de leur part, qu'ils doivent être, suivant nous, considérés comme ayant renoncé. (*V.* ci après, art. 5 et 6.)

gitimes, pour les quotités qui leur sont attribuées, soit par la loi, soit par la volonté de l'homme, légalement manifestée, l'enfant naturel reconnu, la femme, et tous les autres successeurs à titre universel.

Néanmoins, 1° les légataires universels et partiaires, institués par un testament olographe ou mystique, seront tenus de se faire envoyer en possession par une ordonnance du président, mise au bas de la requête qui lui sera présentée à cet effet et à laquelle sera joint l'acte de dépôt prescrit par l'article 1007 du Code civil (1).

2° La femme et l'État, appelés à l'hérédité, devront, avant tout, dresser un inventaire fidèle et exact des biens de la succession, suivant les formes prescrites par le Code de procédure :

La femme sera, de plus, tenue de faire emploi des valeurs mobilières si elle ne donne pas caution suffisante pour assurer la restitution à qui de droit (2).

(1) Cet envoi en possession, qui n'est qu'une formalité, ne fait, bien entendu, aucun obstacle au droit qu'ont les héritiers légitimes de contester la validité du testament. Mais il y a nécessité que la justice intervienne dans le cas particulier d'un testament olographe ou mystique, afin que les légataires universels ou partiaires ne puissent se saisir des biens de la succession, en vertu d'un titre qui pourrait n'avoir rien de légal, et qui, dans tous les cas, ne présente pas, par lui-même, tous les caractères d'un acte de l'autorité publique.

(2) La pénalité attachée à l'inobservation de ces mesures de précaution est que les légataires, la femme et l'Etat, sont traités comme des possesseurs de mauvaise foi. Le lecteur remarque que nous indi-

La caution sera déchargée, si aucun successible préférable ne se présente dans les trois ans à partir du décès.

Art. 3.

Le légataire particulier n'acquiert qu'un simple droit de créance, lequel se transforme en droit ab-

quons seulement les bases du système que nous proposons; car son organisation complète exige un remaniement d'une foule d'articles du Code civil. Nous pensons que l'on pourrait, sans inconvénient, supprimer, en général, les formalités de l'envoi en possession, en ce qui touche les enfants naturels, la femme, l'Etat, et qu'il pourrait en être de même à l'égard des demandes en délivrance de legs universels ou partiaires, aux cas des art. 1004 et 1011. La nécessité d'arriver au partage, le droit des héritiers de contester la validité du testament, l'action en pétition d'hérédité, ne protégent-ils pas suffisamment la famille?... Le Code civil présente dans toutes ces matières un luxe de formalités gênantes et coûteuses. On sent que notre législation a été faite pour la grande propriété. Et cependant, quels changements la loi des successions et la passion de l'habitant des campagnes pour la terre n'ont-elles pas déjà opérés, depuis 1804!... Si d'un côté nous assistons au spectacle étrange de ces grandes entreprises industrielles qui semblent vouloir reconstituer, d'une manière factice, les *lati-fundia, quæ Romam perdiderunt*, n'assistons-nous pas en même temps à un autre spectacle bien plus rassurant pour le pays, et tout aussi digne de fixer l'attention du législateur: celui du travail souterrain de la fourmi laborieuse, sobre et avare, qui accapare la terre, qui la morcelle, et qui, un jour, maîtresse du sol de la France, refoulera l'industrie turbulente et apprendra à tous qu'il fallait compter avec elle!... Or, si, comme cela n'est pas douteux, la propriété foncière se transforme tous les jours et si nous la voyons incessamment se diviser de plus en plus, ne faut-il pas que la législation se simplifie de manière à éviter les frais judiciaires que la terre morcelée par fractions minimes, finira par ne pouvoir plus payer?...

solu à partir de la transcription de la délivrance, s'il s'agit d'un legs d'immeubles, ou de la tradition, s'il s'agit d'un legs de corps certains mobiliers (1).

Art. 4.

L'État est héritier nécessaire. Il n'est saisi qu'après tous les successibles appelés soit par la loi, soit par la volonté de l'homme légalement manifestée.

Il n'est jamais tenu des dettes au-delà de l'actif de la succession.

Art. 5.

Tous les successeurs à titre universel ont la faculté d'accepter la succession dans les 30 ans qui suivent le décès ; ce délai passé, sans acceptation de leur part, ils sont légalement considérés comme ayant renoncé.

Art. 6.

Ils ont l'option entre la renonciation ou l'acceptation

---

(1) Nous nous trouvons ici placés entre deux inconvénients et nous devons nous prononcer en faveur de celui qui présente les moins graves conséquences. L'intérêt du légataire doit, ce nous semble, céder devant l'intérêt des tiers. Rien n'empêche d'ailleurs que nous pourvoyions à la garantie du légataire particulier, en l'autorisant à s'inscrire sur les immeubles de la succession, pour une somme représentative de la valeur du legs. L'inscription du droit de séparation des patrimoines, portant avec elle l'évaluation faite par le légataire lui-même, le mettra ainsi à l'abri de l'inconvénient pouvant résulter pour lui de ce que, dans notre système, l'immeuble légué aura pu être, avant la transcription de la délivrance, grevé d'hypothèques par l'héritier.

pendant le même délai : néanmoins, ils pourront perdre ce droit d'option par la forclusion, ainsi qu'il sera dit ci-après.

Art. 7.

Au cas d'acceptation, les successeurs peuvent opter entre l'acceptation pure et simple et l'acceptation sous bénéfice d'inventaire (1).

Art. 8.

Tant que les délais de délibération ci-après fixés ne seront pas écoulés, l'héritier ne peut être contraint à prendre qualité, et il ne peut être obtenu de condamnation contre lui : s'il renonce lorsque les délais sont expirés ou avant, les frais par lui faits légitimement jusqu'à cette époque sont à la charge de la succession.

(1) Il serait, sans doute, bien à désirer que l'exception posée par l'art. 782 du Code civil pût être généralisée ; car, sous la loi actuelle, le concours de deux régimes successifs dans la même succession, est souvent une source d'embarras inextricables. Mais une telle disposition, déjà exorbitante par elle-même, du droit commun, porterait une atteinte trop grave à la liberté et aux droits de ceux qui veulent accepter purement et simplement. Dans notre système, elle serait possible, à la rigueur ; car notre bénéfice d'inventaire ne prive pas l'héritier bénéficiaire du droit de libre disposition, au moins en ce qui touche les immeubles, et dès-lors la raison qui l'a fait rejeter de la théorie de la loi actuelle n'existe pas dans la nôtre. Toutefois, nous n'osons pas aller jusqu'à la consacrer, en principe général, dans la crainte de gêner la liberté des successibles.

Art. 9.

L'héritier a 3 mois et 40 jours, à partir du décès, pour prendre connaissance des forces et charges de la succession et délibérer sur le parti qu'il veut adopter : s'il a été dressé un inventaire avant l'expiration des 3 mois, les 40 jours commencent à courir de la clôture de cet acte.

Art. 10.

Après l'expiration des délais ci-dessus, l'héritier, en cas de poursuite dirigée contre lui, peut demander un nouveau délai, que le tribunal saisi de la contestation accorde, ou refuse, suivant les circonstances.

Dans ce cas, les frais de poursuite sont à la charge de la succession, si le successeur justifie ou qu'il n'a pas eu connaissance de l'événement qui a donné ouverture à ses droits, ou que les délais ont été insuffisants, soit à raison de la situation des biens, soit à raison des circonstances survenues : s'il n'en justifie pas, les frais restent à sa charge personnelle.

§ II. — PROTECTION DU PUBLIC.

(Lato sensu.)

Art. 11.

73. — La fixation du régime successif est irrévocable (1).

(1) Notons de suite que la déchéance du bénéfice d'inventaire n'en-

ART. 12.

Les successibles utilement appelés, qui veulent se livrer à des actes dérivant du droit de disposer, sont tenus, s'ils ne l'ont déjà fait, de déclarer qu'ils entendent accepter la succession ainsi qu'il sera dit ci-après.

Ils ne seront admis à faire au bureau de l'enregistrement et des domaines, la déclaration prescrite pour le paiement des droits de succession, que sur la repré-

traîne dans notre théorie aucune perturbation dans les intérêts des créanciers de la succession. C'est l'une des raisons pour lesquelles notre système nous paraît préférable à celui du Code civil.

A l'égard de ceux qui exercent la pétition d'hérédité, ils sont tenus de respecter le régime établi par l'héritier apparent. (V. *infrà*, art. 17.)

La violence est impossible et le dol est presque impossible, puisque nous exigeons une acceptation publique. Si le successeur n'a accepté que par dol, le public innocent ne doit pas souffrir de la faute du coupable. Le droit commun accorde une action contre l'auteur du dol, à supposer qu'il puisse se produire : mais le régime de la succession est immuable. Cela nous paraît indispensable pour les intérêts du public et des créanciers de la succession.

La lésion et l'erreur se confondent dans ces matières. Elles ne sont pas même aujourd'hui une cause de rescision de l'acceptation. Le délai de délibération les repousse. D'ailleurs, l'erreur ne peut porter que sur l'importance de la succession et non pas *in ipso corpore rei*.

Au cas de découverte ultérieure d'un testament qui diminue notablement l'actif de la succession, il arrivera de deux choses l'une, ou que le legs sera *per universitatem* ou qu'il sera *à titre singulier*.

Au premier cas, l'action en pétition d'hérédité protège le légataire. Si le successeur apparent a déjà payé les créanciers, il retiendra, sur la part à remettre au légataire partiaire, ce que ce dernier aurait dû payer; ou bien le légataire prendra son legs de quotité, par exemple le quart des biens, et rendra à l'héritier le quart de ce qu'il aura payé, puisque

III.   8

sentation d'un certificat, du greffier constatant qu'ils
ont satisfait aux prescriptions de l'art. 31 (1).

ART. 13.

Les successibles appelés utilement, à défaut de l'héritier du premier degré, ont le droit de forcer son option et de le forclore au besoin, après l'expiration des
délais de délibération.

dans notre système tous les successeurs *per universitatem* sont tenus
indéfiniment des dettes, sauf les cas d'acceptation bénéficiaire.

Au deuxième cas, celui du legs particulier, il y a plus de difficulté. Toutefois, ce n'est pas une raison suffisante pour nous priver
des avantages de l'immutabilité du régime successif. Le légataire vient
demander la délivrance de son legs ; mais comme il n'y a de libéra-
lité que dettes déduites, le successeur universel (héritier ou légataire)
lui fera son compte et il ne lui paiera son legs que jusqu'à concurrence de l'actif de la succession. L'héritier pur et simple n'est pas tenu
des legs *ultra vires*. Il peut arriver, sans doute, qu'il soit contraint de
les payer en totalité, mais ce n'est pas le droit qui lui en impose l'o-
bligation, c'est uniquement lorsque, par son fait, il s'est mis dans
l'impossibilité, en confondant les biens de la succession avec ses biens
propres, de prouver que la succession ne vaut pas ce que le légataire
lui demande.

(1) On peut répondre, sans crainte, de l'efficacité de ce moyen,
s'il ne paraît pas trop violent. L'effet d'une loi n'est jamais si bien
assuré que quand le législateur intéresse les parties à son exécution.
Or, au cas particulier, la perspective du double droit à payer un jour,
s'il ne prend pas un parti promptement, sera pour l'héritier un puissant stimulant pour se conformer à notre art. 31. Comme la déclaration des droits de succession peut se faire pendant six mois, à la
charge du droit simple, le successible a tout le temps nécessaire pour
bien envisager sa position.

A cet effet, ils lui feront sommation de déclarer s'il entend accepter ou renoncer. Il sera tenu de répondre immédiatement à cette question, ou de déclarer qu'il est dans l'intention de demander un nouveau délai de délibération.

Si le successible déclare qu'il est dans cette intention, il devra, dans la quinzaine de la sommation, outre le délai ordinaire des distances, former sa demande à cet effet, sous peine d'être considéré comme n'ayant pas voulu répondre.

S'il ne veut pas répondre, le successible du deuxième degré a le droit, en déclarant qu'il est prêt à accepter la succession, de traduire l'héritier du premier degré en justice, pour voir dire qu'il sera considéré comme ayant renoncé.

Dans tous les cas, les frais de cette demande, à l'exception de ceux de la sommation, restent à la charge personnelle de l'héritier du premier degré.

Art. 14.

Si le jugement dont il est question en l'article précédent, a accordé un nouveau délai de délibération, et si ce délai expire sans acceptation de la part de l'héritier premier appelé, il sera considéré légalement comme ayant renoncé.

Art. 15.

Dans le cas où l'un des successibles d'un degré éloigné profitera du droit de forclusion, il suivra la marche indiquée ci-dessus, à l'égard de tous les successibles qui le précédent, et cela, par une seule et même procédure.

Toutefois, l'action en forclusion formée par le successible du troisième degré contre le successible du second, ne sera reçue que quinzaine après l'expiration des délais fixés par l'art. 9 ; et il sera ainsi ajouté un nouveau délai de quinzaine par chacun des autres degrés des successibles précédant le demandeur en forclusion.

Art. 16.

Les créanciers et, en général, tous les intéressés à l'acceptation, ont le droit de faire juger avec le successible appelé utilement qu'il a fait acte d'héritier pur et simple.

A cet effet, ils lui feront sommation de réaliser son acceptation, au greffe, dans la quinzaine, outre le délai ordinaire des distances, sinon, et faute par lui de ce faire, qu'il y sera contraint par jugement.

Si les faits prouvés ou avoués sont jugés par le tribunal suffisamment caractéristiques de la prise de qualité, le successible sera condamné comme héritier pur et simple ; dans le cas contraire, le tribunal pourra, suivant les circonstances, sur les conclusions du Procureur de la République, déclarer immédiatement la deshérence provisoire.

Art. 17.

L'héritier qui exerce l'action en pétition d'hérédité, est tenu de respecter le régime successif tel qu'il a été établi par l'héritier apparent.

Il ne peut exercer la revendication contre les tiers-acquéreurs de bonne foi et au préjudice de ceux qui ont acquis des droits réels juridiquement constitués avant la prénotation de la demande, que dans les deux années à compter du jour de l'ouverture de la succession (1).

Il sera fait mention de la demande en pétition d'hérédité, en marge de l'acte d'acceptation de l'héritier apparent, si cet acte existe déjà sur le registre des successions, et de la demande en revendication contre les tiers-acquéreurs, en marge de la transcription, au bureau des hypothèques, des actes d'aliénations consentis par l'héritier apparent dans le temps intermédiaire.

(1) Cette protection me semble nécessaire à la famille. Il ne faut pas voir seulement *le crédit foncier*. On peut supposer une foule de cas dans lesquels les véritables héritiers n'auront pas été avertis de l'événement qui a donné ouverture à leurs droits. Aujourd'hui, malgré tout ce que peut décider la Cour de cassation, ce délai est de **30 ans**. L'intérêt public s'oppose à ce que le Code civil soit maintenu sous ce rapport, nous le reconnaissons; mais il faut au moins donner aux véritables héritiers les moyens et le temps de se présenter utilement. L'action purement personnelle contre l'héritier apparent n'est pas une protection suffisante; d'autant plus que cet héritier apparent est le plus souvent un usurpateur d'une bonne foi fort équivoque.

Art. 18.

Les art. 883 et 1017 du Code civil sont abrogés (1).

Art. 19.

Il sera tenu dans chacun des greffes des tribunaux de première instance, un registre spécial dit : *registre des successions*.

Sur ce registre seront inscrits les actes de renonciations et d'acceptations, ainsi que les mentions de tous les jugements et arrêts dont les dispositifs auraient pour objet soit la fixation de tel ou tel régime successif, soit des modifications apportées aux régimes précédemment établis.

Art. 20.

Le greffier près la cour d'appel adressera, dans le plus bref délai, sous le couvert du Procureur-Général, au greffier du tribunal de première instance dans l'arrondissement duquel la succession s'est ouverte, un extrait de l'arrêt modificatif du régime fixé par le jugement réformé.

---

(1) L'art. 1017 n'a plus d'objet dans le système du Code civil lui-même ; car cet article se trouve absorbé par les art. 2111 et 2113. Ces derniers articles ayant été créés plus tard, on a oublié de retrancher l'art. 1017 du titre des donations. (*V.* nos *Etudes sur le Code civil*, n° 406.)

Il sera fait, sur le registre des successions, mention de cet arrêt en marge de celle précédemment inscrite du jugement de première instance.

Art. 21.

Les greffiers délivreront à tout réquérant, copie soit entière, soit partielle ou par extrait, des actes et mentions inscrits sur le registre, ou tout certificat constatant qu'il n'en existe pas relativement à telle ou telle succession.

Ils sont responsables des omissions provenant de leur fait. Si ces omissions ont porté préjudice à quelques-unes des parties interressées, ils pourront être condamnés à des dommages et intérêts, suivant les circonstances ; indépendamment des peines diciplinaires qui pourront être prononcées contre eux, suivant la gravité des manquements aux devoirs (1).

PROTECTION DE LA FAMILLE.
(Stricto sensu.)

SECTION Ire.
DE LA RENONCIATION.

Art. 22.

74. — La renonciation à une succession ne peut

(1) Cette pénalité nous semble suffisante. Il ne faut pas perdre de vue que la publicité du droit de succession n'est qu'une affaire d'ordre.

être faite qu'au greffe du tribunal de première instance dans l'arrondissement duquel cette succession s'est ouverte, et sur le registre prescrit par l'art. 19.

Art. 23.

L'héritier ou successeur universel qui renonce est censé n'avoir jamais été appelé à l'hérédité.

Art. 24.

La part du renonçant est dévolue à ceux qui y auraient eu droit s'il n'avait pas existé.

Art. 25.

La dévolution ne peut nuire aux créanciers de celui qui renonce, à leur préjudice : ils ont le droit de former au greffe, sur le registre des successions, dans les six mois de la renonciation, une opposition dont le mérite sera apprécié contradictoirement entre eux, l'héritier renonçant et l'héritier appelé par suite de la renonciation, et de se faire autoriser par justice à accepter la succession du chef de leur débiteur et en son lieu et place. Dans ce cas, la renonciation n'est annulée qu'en faveur des créanciers et jusqu'à concurrence seulement de leurs créances.

Mention de la demande et du jugement est faite en marge de l'acte de renonciation, et aussi de l'acte

d'acceptation de l'héritier appelé par suite de la renonciation.

Art. 26.

Les droits réels, acquis par les tiers de bonne foi, sur
les immeubles de la succession du chef de l'héritier
saisi par suite de la renonciation, sont maintenus,
pourvu qu'ils aient été légalement constitués avant la
mention, sur le registre des successions, de la demande
des créanciers du renonçant.

Art. 27.

Tant que le délai fixé par l'art. 5 n'est pas écoulé,
les héritiers, qui ont renoncé, ont la faculté d'accepter encore la succession, si elle n'a pas été déjà acceptée par d'autres héritiers ; mais ils sont tenus de
respecter le régime établi, et les droits qui peuvent
être acquis à des tiers sur les biens de la succession, soit
par prescription, soit par actes valablement faits avec
l'administration de la *deshérence provisoire* (1).

---

(1) Voir ci-après, art. 65.—Comme on le voit, nous conservons l'article 790 du Code civil, parce que personne ne peut éprouver de préjudice par le regret de l'héritier qui a renoncé et qui accepte ensuite,
au cas indiqué. Cependant, il faut avouer que cet art. 790 pourrait
bien n'avoir pour origine qu'une mauvaise application des lois romaines. Car l'héritier qui renonce devient étranger à la succession :
il est censé n'avoir jamais existé à son égard. Comment dès-lors peut-
il la ressaisir ? On comprend qu'il soit tenu, à titre de dommages et
intérêts, des dettes envers les créanciers, s'il vient, malgré sa renon-

ART. 28.

On ne peut, même par contrat de mariage, renoncer à la succession d'un homme vivant, ni aliéner les droits éventuels qu'on peut avoir à cette succession.

ART. 29.

Les héritiers qui auraient détourné, diverti ou recelé des effets mobiliers ou créances d'une succession sont déchus de la faculté d'y renoncer : ils demeurent héritiers purs et simples nonobstant leur renonciation, sans pouvoir prétendre aucune part dans les objets divertis ou recelés.

Mention du jugement qui reconnaît l'existence du divertissement ou du recelé est faite au greffe, sur le registre des successions, en marge de l'acte de renonciation.

SECTION II.

DE L'ACCEPTATION.

ART. 30.

75. — Une succession peut être acceptée purement et simplement ou sous bénéfice d'inventaire.

---

ciation, à s'emparer des biens héréditaires, mais on comprend plus difficilement qu'il puisse en être tenu *à titre de successeur*. (*V.* à cet égard, Pothier, *Traité des successions*, chap. III, § 3.) L'opinion contraire de Lebrun, combattue par Pothier, a été admise par le Code civil. Ce sera une question à débattre lors de la révision de la loi.

Néanmoins, lorsqu'elle s'ouvre au profit d'un mineur ou d'un interdit, le régime successif, s'il y a acceptation, est nécessairement le bénéfice d'inventaire.

ART. 31.

L'acceptation est reçue par le greffier du tribunal civil dans l'arrondissement duquel s'est ouverte la succession, sur le registre prescrit par l'art. 19, d'après la déclaration des parties intéressées ou celle de leur mandataire spécial et authentique.

Le mandat restera annexé au registre.

§ 1ᵉʳ. — DE L'ACCEPTATION PURE ET SIMPLE.

ART. 32.

Les femmes mariées ne peuvent valablement accepter une succession sans l'autorisation de leur mari ou de justice, conformément aux dispositions du chapitre VI du titre du mariage.

ART. 33.

L'effet de l'acceptation remonte au jour de l'ouverture de la succession.

ART. 34.

L'acceptation est expresse ou tacite : elle est expresse

lorsque le successible a déclaré au greffe, suivant l'article 34, qu'il entendait accepter la succession :

Elle est tacite lorsque l'habile à succéder s'est livré à des actes qui supposent nécessairement son intention d'accepter : l'appréciation des faits et des écrits qui sont de nature à supposer cette intention est abandonnée à la sagesse des tribunaux.

ART. 35.

Lorsque celui à qui une succession est échue, est décédé sans l'avoir répudiée ou sans l'avoir acceptée expressément ou tacitement, ses héritiers peuvent l'accepter ou la répudier de son chef :

S'ils ne sont pas d'accord sur le parti à prendre, elle doit être acceptée sous bénéfice d'inventaire.

§ II. — DE L'ACCEPTATION SOUS BÉNÉFICE D'INVENTAIRE.

ART. 36.

76. — La déclaration du successible qu'il entend se soumettre à ce régime, n'a d'effet qu'autant qu'elle est précédée ou suivie d'un inventaire fidèle et exact des biens de la succession dressé dans les délais fixés par les art. 9 et 10, et suivant les formes tracées par le Code de procédure.

Sera néanmoins considéré comme pouvant tenir lieu de cet acte, le procès-verbal du juge de paix constatant l'inutilité de l'apposition des scellés, à raison de la minime importance des effets mobiliers de la succession.

Art. 37.

L'héritier qui s'est rendu coupable de recélé ou qui a omis, de mauvaise foi, de comprendre dans l'inventaire des effets ou créances de la succession est déchu du bénéfice.

Il en sera de même, s'il a omis sciemment de comprendre dans l'état qu'il doit déposer au greffe, suivant l'art. 4), des sommes ou valeurs provenant de l'hérédité et dont il aurait opéré le recouvrement, ou s'il a, soit par collusion avec des tiers, soit par suite de toute autre manœuvre frauduleuse, supposé l'acquittement de dettes imaginaires dans le but d'exagérer le passif de la succession :

Le tout sans préjudice des dommages et intérêts envers les créanciers héréditaires, suivant les circonstances.

Mention des jugements prononçant la déchéance, sera faite sur le registre des successions, en marge de l'acte *d'acceptation bénéficiaire*.

Art. 38.

L'effet du bénéfice d'inventaire est de garantir l'héritier de tout préjudice, et par suite de lui donner l'avantage de n'être tenu personnellement, sur ses biens propres et sur ceux provenant du défunt, que jusqu'à concurrence de la valeur des biens par lui recueillis.

ART. 39.

Lorsqu'il est poursuivi en paiement de dettes contractées par le défunt, pour une somme supérieure à l'actif de la succession, il a le droit de former opposition aux poursuites et de prouver, par l'état de ses recettes et dépenses dûment justifiées, que la succession ne vaut pas ce qu'on lui demande.

ART. 40.

L'héritier devra, dans l'année à partir du jour de l'acceptation bénéficiaire, déposer au greffe du tribunal civil, un état certifié véritable et indiquant sommairement le montant des ventes qu'il aura pu faire, comme aussi des sommes qu'il aura pu débourser pour l'acquittement des dettes, de celles qui restent dues et en général de toutes ses recettes et dépenses relatives à la succession.

Faute par lui de satisfaire aux prescriptions du présent article, il pourra être déchu du bénéfice.

Le tribunal aura la faculté, en usant toutefois de ce pouvoir avec réserve, de proroger, suivant les circonstances, le délai ci-dessus fixé, par un jugement rendu en audience publique et sur simple requête.

Art. 41.

Malgré la confusion qui s'opère en sa personne, l'héritier bénéficiaire conserve le droit de réclamer ses créances contre le défunt, pourvu qu'il en ait fait la déclaration dans l'inventaire : en conséquence, il est autorisé à produire dans toute distribution par contribution des valeurs mobilières de la succession, et à retenir, pour se payer lui-même, le dividende qui lui sera attribué en sa qualité de créancier du défunt :

Il peut aussi, comme tout autre créancier héréditaire, s'inscrire, suivant les art. 82, 83 et 88, sur les immeubles provenant du défunt : dans ce cas, il acquiert le droit de préférence vis-à-vis des créanciers de la succession qui n'ont pas utilement inscrit le privilège de la séparation individuelle des patrimoines (1).

Art. 42.

Il ne peut, sous peine de déchéance du bénéfice, vendre les meubles de la succession que par le ministère d'un officier public, aux enchères et après les publications accoutumées (2).

---

(1) Mais il n'acquiert pas le droit de suite, puisqu'il s'inscrit sur lui-même. Il se trouve dans la position d'un acquéreur qui est en même temps créancier hypothécaire et qui conserve son hypothèque pour repousser au besoin les autres créanciers hypothécaires du vendeur, ou, tout au moins, pour être autorisé à retenir sur son prix, à son rang, le montant de sa collocation.

(2) La vente mobilière pourrait, sans inconvénients, être faite sans

Art. 43.

Il est tenu, si les créanciers ou autres personnes intéressées l'exigent, de donner caution bonne et solvable de la valeur du mobilier compris dans l'inventaire.

Faute par lui de fournir cette caution, les meubles sont vendus comme il est dit en l'art. 42.

Art. 44.

Le prix des ventes mobilières est déposé à la caisse des consignations, à la charge des oppositions qui peuvent être faites sans frais, dans les trois mois à compter du jour de la vente, par de simples mentions sur le procès-verbal de l'officier public qui y aura procédé.

autres publications et affiches que celles qui sont d'usage dans les ventes publiques de meubles appartenant à des majeurs. Une simple annonce qui coûte 50 centimes suffit. Cette publication se pratique dans les petites villes et les campagnes par le moyen du bassineur ou de l'agent nommé par le maire de chaque commune pour faire les annonces. La garantie des créanciers se trouve dans l'officier public et dans le mode de vente aux enchères. A quoi bon des frais inutiles!... Au surplus on pourrait à cet égard établir deux modes de vente. Lorsque la prisée de l'inventaire ne dépasserait pas le chiffre de 5,000 fr., le moyen que nous indiquons serait suivi ; dans le cas contraire, l'héritier serait tenu de se conformer au Code de procédure. Il y a, sous ce rapport, une réforme importante à faire. Combien de successions ne présentent pas un actif de 1,000 francs!... Combien de ventes mobilières ne dépassent pas le chiffre de 2 ou 300 francs!... Mettez ces faits en présence des formalités judiciaires et concluez ?......

Art. 45.

Pendant les trois mois fixés par l'article précédent, aucun créancier ne peut individuellement saisir-arrêter les deniers provenant des ventes mobilières et obtenir de jugement d'attribution au préjudice des opposants.

Art. 46.

Sont observées sous ce régime, en ce qui touche les valeurs mobilières et la réception des cautions, les dispositions des art. 60-61-62 et 80.

Art. 47.

Si, à l'expiration des délais fixés par l'art. 40, il existe encore dans la succession des créances non recouvrées et dont le recouvrement paraîtra difficile, l'héritier bénéficiaire et, à son défaut, le créancier le plus diligent pourra se faire autoriser, par un jugement rendu en audience publique et sur simple requête, à les mettre en adjudication aux enchères devant un notaire commis.

Cette disposition ne porte pas atteinte au droit que la loi reconnaît à l'héritier bénéficiaire de transporter, sans aucune autorisation judiciaire, les créances dépendant de la succession, pourvu que les transports soient faits au comptant et moyennant un prix qui ne présentera pas au profit du cessionnaire, une remise

III.   9

de plus de un pour cent par an, calculée dégradati-
vement sur les diverses échéances des créances cé-
dées.

Dans l'un et l'autre cas, les sommes à provenir de
ces ventes et transports seront déposées à la caisse des
consignations, comme il est dit en l'art. 44.

Art. 48.

Les frais de scellés, s'il en a été apposé, d'inventaire
et de compte sont à la charge de la succession.

Art. 49.

L'héritier bénéficiaire peut vendre les immeubles
provenant du défunt, sans aucune formalité de justice,
à la charge des inscriptions qui ont pu ou pourront se
produire suivant les art. 82-83 et 88.

Art. 50.

La portion devenue libre, après le paiement des
créanciers inscrits, des prix de ventes d'immeubles
sera déposée à la caisse des consignations au fur et à
mesure des recettes, et distribuée, entre les opposants,
comme chose mobilière, ainsi qu'il est dit en l'article 46.

Faute par l'héritier d'avoir opéré le dépôt des sommes qu'il aura reçues, il pourra être déclaré déchu du
bénéfice.

SECTION III.

PROTECTION SIMULTANÉE DE LA FAMILLE ET DU PUBLIC.

DE LA DESHÉRENCE.

Art. 51.

77. — La deshérence est provisoire ou définitive.

§ Iᵉʳ. — DE LA DESHÉRENCE PROVISOIRE.

Art. 52.

77 *bis*. — Lorsqu'après les délais fixés par l'art. 9, il ne se présente personne pour accepter la succession, qu'il n'y a pas d'héritiers connus, quoiqu'il puisse en en exister, ou que les héritiers connus ont renoncé, la succession peut être considérée comme se trouvant en état de deshérence provisoire.

Art. 53.

Le tribunal civil de première instance, dans l'arrondissement duquel la succession s'est ouverte, déclare cet événement sur la demande des parties intéressées, ou même sur la réquisition du Procureur de la République.

Mention de ce jugement est faite sur le registre prescrit par l'art. 19.

Art. 54.

L'administration de l'enregistrement et des domai-

nes est chargée de la gestion des successions en deshérence, au moyen de ses agents dans chaque canton.
Toutefois la responsabilité de cette gestion ne pèse que
sur l'agent spécialement désigné par le tribunal civil,
comme devant remplir les fonctions d'administrateur
de la deshérence.

Art. 55.

Le tribunal civil désignera, autant que possible,
pour administrateur de la deshérence, le receveur du
canton dans lequel s'est ouverte la succession.

Art. 56.

Le receveur nommé administrateur est tenu, avant
tout, de faire constater l'état de la succession par un
inventaire ; il en exerce et poursuit les droits ; il répond
aux demandes formées contre elle ; il gère pour la
conservation des droits de tous et à la charge de rendre
compte à qui il appartiendra.

Art. 57.

Dans les trois mois qui suivront la clôture de l'inventaire, il procédera à la vente des meubles de la
succession, par le ministère d'un officier public, aux
enchères et après les publications accoutumées.

Art. 58.

Le numéraire trouvé dans la succession, ainsi que

les deniers provenant de la vente mobilière et du recouvrement des créances, seront, au fur et à mesure des recettes, versés à la caisse des dépôts et consignations, à la charge des oppositions qui pourront être faites comme il est dit en l'art. 44.

Art. 59.

Aucun créancier ne peut individuellement saisir-arrêter les deniers ou les créances dépendant de la succession (1).

(1) Il ne faut pas que l'administration de la deshérence provisoire puisse être entravée par l'anarchie des poursuites individuelles. Puisque la succession est, ici, soumise à un régime collectif, l'administrateur seul a le droit d'agir dans l'intérêt de tous. D'ailleurs la saisie-arrêt conduirait indirectement à une attribution judiciaire qui serait, au fond, un véritable privilége ; ce qui serait contraire à la nature même du régime collectif, et au but que se propose l'administration comptable.

Je n'ai jamais compris la jurisprudence qui s'est introduite sur ce point important, sous le bénéfice d'inventaire actuel. C'est à cause des vices de la législation que les tribunaux sont allés jusqu'à autoriser les saisies-arrêts dans les régimes collectifs. On craint l'héritier bénéficiaire, et malheureusement l'expérience démontre que les craintes ne sont pas sans fondement ! Ce n'est donc pas dans les raisons de droit qu'il faut aller chercher la cause de cette jurisprudence qui menace de devenir générale, car, à mon sens, le système des arrêts se soutient difficilement en droit, mais bien dans cette profonde équité qui caractérise notre magistrature toujours préoccupée de la nécessité de protéger les créanciers de la succession contre l'apathie intéressée et souvent contre la mauvaise foi d'un administrateur placé, à tort, par la loi, entre son devoir et son intérêt.

Art. 60.

Si, à l'expiration du délai fixé par les art. 44 et 58, il n'existe pas d'oppositions mentionnées sur le procès-verbal de l'officier public qui a procédé à la vente, ou si la somme déposée est supérieure au total des créances révélées par les oppositions, l'administrateur de la deshérence provisoire paiera les créanciers et les légataires, à mesure qu'ils se présenteront, en leur délivrant des mandats sur la caisse des consignations.

Si la somme déposée est inférieure au total des créances révélées par les oppositions, il provoquera la distribution par contribution, à moins que les créanciers ne s'entendent amiablement dans le mois qui suivra l'expiration des trois mois fixés par l'art. 44; auquel cas il sera dressé acte de cet accord devant un officier public, en exécution duquel l'administrateur délivrera, aux ayant-droits, des mandats sur la caisse.

Art. 61.

Dans les cas où il s'éleverait quelques difficultés relativement à la délivrance ou au paiement des mandats, les contestations seront portées devant le Président du tribunal civil qui statuera, par voie de référé, avec la faculté de renvoyer les parties à l'audience, suivant la gravité des circonstances.

Art. 62.

La caisse des dépôts et consignations ne pourra exiger d'autres pièces justificatives que les mandats dont le retrait, contre espèces, vaudra pour elle titre libératoire.

Art. 63.

L'administrateur de la deshérence provisoire ne peut vendre les immeubles dépendant de la succession que suivant les formes tracées par le Code de procédure.

Néanmoins, si, à raison des circonstances et du peu d'importance des biens, il est plus avantageux pour les intéressés que la vente ait lieu par un mode moins dispendieux, le tribunal pourra, en chambre du conseil et sur une simple requête qui lui sera présentée à cet effet par l'administrateur de la deshérence et même par un créancier, autoriser la vente, soit en gros, soit en détail, devant tel officier public qu'il désignera, sans aucune des formalités prescrites par le Code de procédure.

Art. 64.

Le prix de la vente des immeubles, lorsqu'il sera devenu définitif, sera délégué par l'administrateur de la deshérence provisoire, à ceux des créanciers privilégiés ou hypothécaires qui se trouveront inscrits en ordre utile pour le recevoir, sous la réserve, au profit des autres créanciers, du droit de contester la délégation.

Les acquéreurs se libéreront valablement entre les mains des créanciers délégataires, pourvu que leur paiement soit antérieur à la dénonciation qui leur sera faite, par les créanciers contestants, de la demande en nullité de la délégation ; sauf le recours des intéressés contre ceux des créanciers délégataires qui se trouveraient avoir reçu des sommes supérieures à celles qui leur étaient réellement dues (1).

ART. 65.

Si, dans le cours de la deshérence provisoire, il se présente un héritier dont les droits sont reconnus légitimes et qui déclare accepter la succession, le receveur désigné ne continuera pas moins l'administration qui lui est confiée, jusqu'à ce que la liquidation soit

(1) Si ce mode de procéder pouvait être généralisé, les ordres deviendraient rares : ce qui serait un grand avantage pour l'économie des frais ; mais possible ici, à raison des garanties sérieuses offertes par un *administrateur fonctionnaire public*, ce système pourrait être dangereux dans les cas ordinaires. C'est du reste encore une question bien importante à mettre à l'étude. Ce qui se passe aujourd'hui dans la pratique présente les inconvénients les plus graves. Un créancier qui n'a aucune espérance légitime de venir en ordre utile impose la loi à ceux qui le précèdent, et ne se fait aucun scrupule de dévorer en frais la masse à distribuer : le tout, dans le but unique de les contraindre à transiger avec lui et à l'admettre à partager ce qu'il ne devrait jamais partager.

mise à fin, à moins que l'héritier ne justifie du paiement de toutes les dettes de la succession, ou du consentement de tous les créanciers à ce que le régime de la succession soit modifié (1).

ART. 66.

Les opérations étant terminées, les titres, papiers, et ce qui restera des valeurs de l'hérédité, seront remis,

(1) On peut proposer sur ce point important, trois systèmes différents.

Le premier consiste à faire cesser le régime collectif, par la remise de la succession entre les mains de l'héritier légitime qui deviendrait *héritier pur et simple* ou *héritier bénéficiaire*, suivant son option pour l'un ou l'autre de ces régimes. Ce système, qui est celui qui se pratique aujourd'hui, nous paraît avoir trop d'inconvénients. Il peut se présenter une foule de cas dans lesquels les créanciers ont plus d'intérêt à voir la succession soumise jusqu'à la fin des opérations à une administration comptable, qu'à voir ce dernier régime se transformer en régime de libre disposition. D'ailleurs, les créanciers ont eu un juste sujet de croire que la succession serait administrée dans leur intérêt collectif jusqu'à la liquidation définitive, et ils n'ont pas dû inscrire le bénéfice individuel de séparation qui ne s'applique qu'au cas d'acceptation pure et simple, suivant le Code civil, et suivant notre système, aux cas d'acceptation pure et simple et sous bénéfice d'inventaire. Modifier le régime de la succession serait donc tromper leurs attentes légitimement conçues en présence du jugement déclaratif de *la deshérence*, ou tout au moins, de la persuasion qu'ils ont pu avoir que la succession serait soumise à un régime collectif. En voilà plus qu'il n'en faut pour faire rejeter l'art. 2156, *alin.* 2, du projet de la commission parlementaire, comme étant insuffisant.

Le second système consisterait à donner à l'héritier, les *seuls* pouvoirs conférés par la loi au directeur des domaines auquel il serait substitué jusqu'à ce que tous les créanciers fussent désintéressés. L'hé-

avec l'un des doubles du compte d'administration , à l'héritier légitime qui sera tenu de donner décharge au pied de la minute du compte destinée à rester dans les archives de la régie des domaines.

ART. 67.

Le receveur, outre les frais de justice relatifs à la succession , qui seront toujours employés au chapitre des dépenses, prélévera, pour honoraires d'adminis—

ritier acceptant continuerait l'administration, dans l'intérêt de tous, comme le fait aujourd'hui l'héritier bénéficiaire. Mais ce système que nous avons émis dans nos Etudes (t, 2, nº 496), parce que la logique de nos prémisses semblait devoir l'exiger, nous paraît, après mûre réflexion, avoir encore trop d'inconvénients. Le plus grave à nos yeux , celui qui le condamne, vient de ce que nous ne voulons, sous aucun prétexte, d'un administrateur *chargé de gérer sa propre chose dans l'intérêt d'autrui.* C'est principalement pour cette raison que nous avons abandonné le bénéfice d'inventaire du Code civil et que nous avons proposé de remanier cette institution sur d'autres bases.

Le troisième système consiste dans celui adopté par nos art. 65 et 66. Il nous paraît satisfaire plus convenablement que les autres à toutes les exigences. D'une part , l'avenir des créanciers se trouve à l'abri de la mauvaise administration possible de l'héritier qui se présente dans le cours des opérations : administration d'autant plus à craindre que nous ne pouvons en combattre les écarts par le contrepoids de la séparation individuelle des patrimoines. D'autre part, l'héritier ne peut se plaindre sérieusement d'être privé, pour un temps, du droit de libre disposition, car nous lui donnons les moyens de faire cesser le régime collectif. Enfin, c'était à lui à se présenter plus tôt : s'il avait répondu à l'appel de la loi, la deshérence provisoire n'aurait pas été déclarée. Voilà, en résumé, notre opinion sur cette grave question.

tration, cinq pour cent sur le reliquat des valeurs à remettre à l'héritier.

Dans tous les cas, ces honoraires ne pourront jamais être inférieurs à la somme de cinquante francs (1).

Art. 68.

Tout recours contre l'administrateur désigné pour la gestion de la deshérence provisoire se prescrit par trois ans à partir de la reddition du compte aux parties intéressées (2).

(1) Comme on le voit, notre but est d'obtenir un fonctionnaire public, quel qu'il soit, pour la gestion des successions vacantes, parce que l'expérience démontre tous les jours, que ce fonctionnaire public est nécessaire. Or, l'administration de l'enregistrement et des domaines ayant des employés dans chaque canton, nous semble naturellement appelée à gérer des valeurs dont le reliquat est destiné aux caisses de l'Etat, et qui ne devraient pas s'égarer, comme cela a lieu trop souvent, dans le portefeuille du curateur actuel. Si le gouvernement, dans la crainte de voir ses agents jetés au milieu du tourbillon des affaires, s'opposait à la réalisation de nos idées, rien n'empêcherait d'établir, près de chaque tribunal, un fonctionnaire qui serait chargé spécialement de l'administration des faillites, des successions vacantes, etc... Ce fonctionnaire serait choisi facilement parmi les anciens hommes d'affaires qui, dans leur passé, auraient offert des garanties de moralité et de capacité. Il serait nommé sur la présentation du tribunal civil.

Cette institution ne coûterait rien à l'Etat et déchargerait, comme nous l'avons dit plus haut, la magistrature d'une responsabilité morale bien grave. Aujourd'hui, les curateurs aux successions vacantes ne sont, trop souvent, que des prête-noms!...

(2) Le lecteur a pu remarquer que nous ne nous sommes pas occupé des fautes qui pourraient être commises dans le cours de l'admi-

§ II. — DE LA DESHÉRENCE DÉFINITIVE.

ART. 69.

78. — S'il est certain qu'il n'existe aucun héritier au degré successible, ou s'il s'est écoulé trente ans depuis la déclaration de la deshérence provisoire, sans qu'aucun héritier se soit présenté pour revendiquer l'hérédité, le tribunal civil dans l'arrondissement duquel la succession s'est ouverte déclarera la *deshérence définitive*, sur la demande du directeur des domaines, du Procureur de la République, ou des créanciers de la succession.

Mention de ce jugement sera faite conformément à l'art. 53.

ART. 70.

Les biens composant la succession seront acquis à

---

nistration de *la deshérence provisoire*. Si nous avons gardé le silence à cet égard, c'est parce que nous pensons que le droit commun protége suffisamment les parties intéressées. Il vaut mieux laisser l'appréciation des faits aux tribunaux, que de donner, relativement aux fautes, des règles qui, dans l'application, se trouvent le plus souvent en défaut : car un fait en apparence insignifiant peut avoir les plus graves conséquences, tandis qu'un fait en apparence très-grave, peut n'en avoir aucune. Ici d'ailleurs, nous avons des garanties certaines de moralité et de capacité dans le directeur des domaines qui aura la haute main sur ses subordonnés, et on peut assurer d'avance, que les fautes d'administration seront aussi rares qu'elles sont communes aujourd'hui.

l'Etat, à la charge, par lui, de payer les dettes et les legs, comme il est dit en l'art. 4.

ART. 71.

Seront observées sous ce régime, les dispositions de la section III, § 1er, sur les formes de l'inventaire, sur le mode d'administration, et les comptes à rendre aux créanciers, s'il y a lieu.

ART. 72.

L'Etat ne pourra jamais conserver en nature les biens provenant de successions; il sera tenu de les mettre en vente, aux enchères publiques, ainsi qu'il est dit en l'art. 63 (1).

PROTECTION DU PUBLIC.
(Stricto sensu.)

SECTION IV.

PROTECTION DES CRÉANCIERS DE LA SUCCESSION.

—

DE LA SÉPARATION DES PATRIMOINES.

DISPOSITIONS GÉNÉRALES.

ART. 73.

79. — Le bénéfice de la séparation des patrimoines est individuel ou collectif :

(1) La raison de cette disposition est tirée de la politique. Sous le

Il est individuel au cas d'acceptation pure et simple et au cas d'acceptation sous bénéfice d'inventaire ;

Il est collectif au cas de deshérence provisoire ou définitive.

§ Ier. — DU BÉNÉFICE INDIVIDUEL DE LA SÉPARATION DES PATRIMOINES (1).

Art. 74.

80. — Les créanciers du défunt et les légataires particuliers sont privilégiés sur tous les biens meubles et immeubles de la succession, à raison du droit qui leur appartient toujours d'exercer individuellement le bénéfice de la séparation des patrimoines.

Art. 75.

La simple acceptation ou reconnaissance de l'héritier, pour débiteur, de la part des créanciers de la succession, faite sans intention de nover, n'est pas un

système républicain, la législation doit faire tous ses efforts pour arriver progressivement à une grande division de la propriété immobilière. Il importe d'ailleurs à la conservation intacte du principe sacré de la propriété individuelle que l'État reste propriétaire le moins possible.

(1) Le lecteur pourra apprécier les motifs de cette institution en se reportant à l'ouvrage de M. Blondeau, sur la *Séparation des patrimoines*, et au second volume de la 1re série de nos *Études sur le Code civil*, n°s 384, 416 et 417.

obstacle à l'exercice du bénéfice individuel de séparation (1).

A. — DISPOSITIONS RELATIVES AU MOBILIER.

ART. 76.

Les créanciers de la succession et les légataires, même ceux à terme et sous condition (2), sont autorisés, sauf ce qui est dit en l'art. 45, à requérir tous actes conservatoires de leurs droits, à saisir-arrêter les créances faisant partie de l'actif héréditaire ainsi que le prix, non encore confondu réellement, des objets mobiliers vendus par le représentant du défunt, comme aussi à intervenir dans toute distribution, à l'effet par eux d'obtenir, à l'exclusion des créanciers particuliers de l'héritier, la distraction des sommes provenant de la succession (3).

ART. 77.

Ils pourront même, suivant les circonstances, se

(1) *V.* nos *Etudes*, nos 334 à 350. — La théorie de l'art. 879 du Code civil nous semble trop subtile pour notre Droit, qui va au but *rectâ viâ*, et qui ne voit pas de renonciation dans ces délicatesses de l'analyse poussée au-delà de justes bornes.

(2) *Même ouvrage*, nos 308-311.

(3) *V.* nos *Etudes*, n° 356. — Observons que cette disposition relative à la saisie-arrêt est nécessaire; car la saisie-arrêt étant généralement aujourd'hui considérée comme une mesure *d'exécution*, ne peut être valablement faite qu'autant que la créance est exigible. En matière de séparation des patrimoines, il n'en peut être ainsi.

faire autoriser par le Président du tribunal civil à saisir conservatoirement et à faire vendre le mobilier, lors même que leurs titres ne seraient pas exécutoires.

Cette autorisation sera donnée au pied de la requête qui sera présentée à cet effet : l'ordonnance énoncera la somme pour laquelle la saisie sera faite et il en sera donné copie en tête du commandement que le créancier sera tenu de signifier à l'héritier, huitaine avant la saisie (1).

ART. 78.

Les poursuites ne pourront s'exercer sur chaque héritier, relativement aux objets de la succession dont il pourrait être détenteur par suite de partage, que jusqu'à concurrence de sa part héréditaire dans la dette (2).

ART. 79.

Lorsque des poursuites auront été commencées par

---

(1) *V.* nos *Etudes*, n° 504.— On demandera peut-être le motif de toutes ces précautions minutieuses et qui pourront paraître exorbitantes du Droit commun ? Le voici : L'expérience pratique démontre que les fraudes sont surtout à redouter en ce qui concerne les valeurs mobilières d'une succession. Les immeubles ne prennent pas la fuite comme les meubles : le délai protecteur de l'art. 2111 du Code civil les ramènerait bien vite à leur véritable destination, s'ils étaient tentés de s'en écarter. Mais à l'égard du mobilier, la loi ne saurait prendre trop de précautions. Il est d'autant plus à propos de provoquer l'attention du législateur sur ce point, que le Code civil a été conçu sous l'empire de l'ancien principe, *vilis mobilium possessio*, qui ne saurait plus avoir d'application aujourd'hui.

(2) *V.* nos *Etudes*, nᵒˢ 412-416, et ci-après, art. 86 et 87.

des créanciers à terme ou sous condition, ou lorsque
les créanciers à terme ou sous condition resteront seuls
intéressés dans les poursuites, l'héritier pourra obtenir
leur suspension jusqu'à l'échéance du terme ou l'é-
vénement conditionnel, mais en fournissant, si les
créanciers l'exigent, caution pour la représentation des
valeurs mobilières, suivant la prisée de l'inventaire et
s'il n'y a pas eu d'inventaire, suivant l'estimation faite
soit à l'amiable, soit par un expert, des objets provenant du défunt et qui pourront être facilement distin-
gués de ceux appartenant à l'héritier.

ART. 80.

La solvabilité de la caution sera appréciée et l'expert sera nommé par le Président du tribunal civil qui
pourra déléguer ses pouvoirs au juge de paix du canton de la situation des biens.

ART. 81.

Le privilége des créanciers et légataires du défunt
sur le mobilier se prescrit par trois ans à compter du
décès.

B. — DISPOSITIONS RELATIVES AUX IMMEUBLES.

ART. 82.

Les créanciers du défunt qui, ayant acquis une hypothèque conventionnelle ou judiciaire, ne l'auront pas inscrite avant le décès, pourront encore l'inscrire utilement dans la quinzaine suivante, à l'effet d'obtenir la préférence sur tous les créanciers hypothécaires de l'héritier, quoiqu'inscrits avant eux, et sur les créanciers chirographaires et les légataires du défunt qui viendraient exercer le bénéfice individuel de séparation : sans préjudice du privilége résultant de l'art. 74 inhérent à leur qualité de créanciers du défunt (1).

Art. 83

Les créanciers et les légataires conservent leur privilége résultant du bénéfice individuel de séparation, par des inscriptions faites sur chacun des immeubles de la succession, dans les *six* mois à compter du décès (2).

---

(1) Cet article qui nous semble nécessaire, même dans le système de la commission parlementaire, n'est pas ici à sa place : mais comme nous voulons résumer la théorie d'une manière aussi complète qu'il nous est possible, nous l'intercalons dans les dispositions relatives au bénéfice de séparation avec lequel il a des points de contact. Nous avons longuement traité cette question importante dans la 1re série de nos Etudes, n°s 453 à 460. (*V.* surtout ce dernier numéro.)

(2) Nous ne comprenons pas que l'on puisse restreindre ce délai quand il est déjà trop court. Cependant la commission parlementaire en a jugé autrement : elle l'a réduit *à deux mois*. En cela elle ne nous paraît pas avoir été heureusement inspirée. Comment !... Voilà un héritier qui aura trois mois et quarante jours pour faire inventaire et délibérer ; à l'expiration de ce délai, il pourra accepter sous bénéfice

ART. 84.

Pendant ce délai, aucune aliénation totale ou frac-
tionnaire ne peut être consentie sur ces biens par
l'héritier, au préjudice des créanciers et légataires du
défunt qui inscrivent leur privilége conformément à
la loi.

d'inventaire et rendre, dans le système de la commission, l'inscription
du bénéfice de séparation inutile ou peu s'en faut, et le créancier héréditaire devra nécessairement s'inscrire dans les deux mois du décès!!!... Il y a là, ce nous semble, un *lapsus plumœ* qu'il faut bien vite
faire disparaître. Le projet de M. Persil, a respecté le délai de l'article 2111 du Code civil. Il est inutile de dire que nous partageons
cette dernière opinion. Les campagnes ne communiquent pas entr'elles
comme les villes, la notoriété publique s'y établit plus lentement, elles
ne connaissent pas les billets de faire-part de mort, les créanciers demeurent *souvent* à de grandes distances, etc., etc. (Voir nos *Etudes*,
nᵒˢ 389 et suivant.) La commission n'a vu que *le crédit foncier ;* mais
n'existe-t-il pas d'autres intérêts également sacrés à protéger ? Ceux
du *crédit civil* ne sont-ils pas aussi importants, que ceux du *crédit
foncier ?* Est-ce que le motif du délai de l'art 2111 est le même que
celui du délai de l'art. 2109 ? Comment se fait-il aussi que le délai
accordé au copartageant privilégié, pour prendre inscription, ne courre
que de l'enregistrement du partage sous seing-privé (art. 2155 du
projet) ? Est-ce que le copartageant n'a pas concouru au partage ? Est-
ce que par conséquent il ne sait pas l'instant précis où son privilége
a pris naissance ? *Quid*, au cas de partage verbal ?... Il y a des villages
dans lesquels l'usage est de ne jamais faire de partages par écrit. Les
biens ainsi partagés ne pourront pas être hypothéqués !... Disons-le, la
commission nous semble avoir sacrifié au motif mesquin de l'uniformité, et je crains bien que les réflexions de M. Troplong, sur les articles 2109 et 2111 du Code civil, n'aient eu une influence qu'elles
n'auraient pas dû avoir.

Art. 85.

Les créanciers incrits dans le délai fixé par l'art. 83, viennent tous en concurrence, à moins qu'il n'existe au profit de quelques-uns d'entre eux des causes particulières de préférence.

Art. 86.

Le privilége régulièrement inscrit dans les six mois du décès, existe sur tous les biens désignés dans l'inscription, avec les effets de l'indivisibilité de l'hypothèque (1).

Art. 87.

Toute créance privilégiée, soumise à la formalité de l'inscription, à l'égard de laquelle les conditions ci-dessus prescrites pour conserver le privilége, n'auront

---

(1) Cette question de l'indivisibilité du privilége de la séparation des patrimoines est, à mon sens, l'une des plus importantes et en même temps l'une des plus ardues de celles que soulève l'interprétation du Code civil. Dans notre système qui abroge l'art. 883 de ce Code, pour rentrer dans la réalité des faits, notre art. 86 ne souffre aucune difficulté : mais dans le système de la commission parlementaire il n'en est pas de même (*V.* nos *Etudes,* nᵒˢ 410 à 430). Il serait bon que la loi tranchât ce point par un texte formel, et qu'elle décidât, même en présence de la fiction des partages, que les héritiers sont tenus hypothécairement pour le tout (*V.* nos *Etudes,* nᵒˢ 428 à 429). C'est une question qu'il ne faut pas laisser dans le domaine de l'interprétation.

pas été accomplies dans le délai fixé, ne cessera pas néanmoins d'être hypothécaire ; mais l'hypothèque ne datera à l'égard des tiers, et même des créanciers et légataires du défunt entre eux, que de l'époque de l'inscription qui aura été prise après ce délai (1).

ART. 88.

Le créancier de la succession qui s'inscrit après les six mois fixés par l'art. 83, n'acquiert hypothèque sur les biens provenant du défunt, attribués même inégalement aux divers copartageants, que jusqu'à concurrence de la part et portion héréditaire dans la dette à la charge de chaque héritier détenteur (2) :

Si le partage n'a pas encore été fait, l'inscription vaudra opposition à ce que les héritiers puissent y procéder en l'absence du créancier inscrit ou lui dûment appelé par exploit signifié au domicile élu dans l'inscription.

ART. 89.

La transcription de l'acte constatant une acquisition

(1) Nous avons longuement discuté ce point distinctif du système, dans la 1re série de nos *Etudes*, nos 462 à 487. Dans un régime de publicité, cette disposition n'a rien que de très-rationnel et le système contraire a de graves inconvénients.

(2) Cette disposition a pour objet d'éviter les recours, et de sauver autant que possible, le principe de la division (*V.* nos *Etudes*, n° 429).

d'immeubles provenant du défunt, faite par l'un des cohéritiers à titre de remploi de ses propres aliénés, lors même que cet acte ne présenterait que le caractère d'un partage ou d'une licitation, aura pour effet de purger les immeubles acquis en remploi, du privilége de la séparation des patrimoines dégénéré en simple hypothèque suivant l'art. 87, et de toutes les hypothèques constituées par le défunt qui ne se révéleraient pas sur les registres du conservateur, dans la quinzaine suivante (1).

(1) *V.* nos *Etudes sur le Code civil*, n°s 453 à 460. — Il y a, sous ce rapport, une lacune dans le projet de la commission parlementaire. Si elle avait adopté la théorie de M. Persil, sur la *Transcription des partages*, je ne ferais pas cette observation : mais les partages ne seront pas soumis à la transcription, quoique la logique générale du système semblerait devoir exiger cette transcription, au moins par extrait, comme l'avait proposé d'Hauthuile de si regrettable mémoire!... La commission a pensé, comme nous, que la transcription des partages ferait, dans les conservations d'hypothèques, plus d'embarras que de profit. J'admets donc à la rigueur que les partages ne seront pas soumis à la transcription (*V.* nos *Etudes,* n° 67), même par extrait, tant que l'art. 883 du Code civil ne sera pas abrogé.

Cela posé, je me demande par quels moyens nous pourrons sortir de l'espèce suivante, dans le système de la commission? Cette espèce s'est présentée au tribunal de Charleville.

Paul a deux enfants, un fils, Jean, et une fille, Jeanne. Jeanne se marie avec Pierre, et de ce mariage naît une fille, Sophie. Jeanne et Pierre décèdent, et Sophie reste avec son aïeul Paul et son oncle Jean. Plus tard Sophie se marie avec Jacques sous le régime dotal. Il est stipulé par le contrat de mariage que les biens dotaux pourront être aliénés par les futurs époux, mais à charge de remploi.

Sophie, dans le cours de son mariage, vend une ferme comprise

§ II. — DE LA SÉPARATION COLLECTIVE.

ART. 90.

81. — La séparation collective des patrimoines résulte de l'administration comptable de la succession,

dans son apport, et il est convenu par le cahier des charges de l'adjudication, que les acquéreurs ne se libéreront que sur la justification d'un remploi effectué conformément au contrat réglant les intérêts de l'association conjugale. Paul l'aïeul décède, laissant une fortune importante. Dans sa succession se trouve un immeuble que Sophie convoite pour réaliser le remploi sans lequel les acquéreurs ne peuvent se libérer valablement. Elle s'entend avec son oncle Jean, et voilà que, par un acte que l'on qualifie de licitation, de partage ou même de vente, car le nom ne fait rien à la chose, l'immeuble convoité devient sa propriété, pour une somme en apparence suffisamment supérieure à sa part héréditaire dans la succession de l'aïeul : de manière que, d'après la jurisprudence plus ou moins fondée, en droit, mais toujours équitable des arrêts, ledit immeuble puisse lui servir de remploi. Satisfaite du résultat qu'elle croit avoir atteint, Sophie va trouver les acquéreurs de son bien dotal, avec un certificat du conservateur constatant qu'il n'y a pas d'inscription sur l'immeuble acquis en remploi. Elle leur présente même une consultation délibérée par l'un de nos bons auteurs et approuvée par des jurisconsultes du barreau. Il va de soi que d'après cette consultation le remploi est valable et que les acquéreurs ne peuvent légalement faire aucune objection à la demande légitime de Sophie qui les invite, *civilement*, à solder le montant de leurs acquisitions.

Un acquéreur qui ne comprend rien à tout cela, mais qui n'aime pas à payer deux fois, va consulter un homme de loi qui lui répond : « Payez, il est probable que le remploi ne vous fera pas défaut ; mais « si vous voulez être prudent, ne payez pas. » — « Pourquoi donc?» — « Parce que les créanciers chirographaires de l'aïeul Paul et même

prescrite aux cas de deshérence provisoire et définitive.

ART. 91.

L'Etat ne confond pas ses biens personnels avec ceux
de la succession, et il conserve contre elle le droit de
réclamer ses créances.

« ses créanciers hypothécaires non inscrits peuvent encore prendre
« utilement inscription, suivant les art. 2113 et 880 du Code civil, et
« faire évanouir le fragile remploi. »

Là-dessus le bon paysan ne voulut pas payer. Grand embarras pour
Sophie !... Elle invoqua la science de nos meilleurs praticiens qui, à
leur tour, invoquèrent la science de nos interprètes, lesquels auraient
bien dû invoquer la science du législateur, au lieu de garder le silence.

Les légistes ne sachant à quel parti s'arrêter, on s'achemina vers le
bureau des hypothèques, et on consulta le conservateur, fonctionnaire
distingué et très-expert en la partie... « Je ne vois pas de moyen, ré-
« pondit-il, de purger le privilége de l'art. 2111 dégénéré en simple
« hypothèque, au cas particulier. Vous aurez beau transcrire l'acte
« établissant le remploi, au fond, Sophie avait la moitié indivise
« de cet immeuble, et s'il lui a été attribué en totalité moyennant ce
« que vous appelez un *prix*, mais ce que j'appelle une *soulte*, ce n'est
« toujours que par un acte qui a fait cesser l'indivision. Or, je ne
« vois nulle part que la transcription des actes qui font cesser l'indi-
« vision puisse purger les hypothèques émanées du défunt ou de la loi
« (art. 2113) et qui ne se révèlent pas dans la quinzaine suivante
« (C. pro., art. 834). »

On sortit de cette scabreuse affaire par un jugement de concert ; et
comme un paiement autorisé par un jugement, est, suivant le langage
expressif des habitants de nos campagnes, un paiement suffisamment
monoyé, les acquéreurs du bien dotal de Sophie ont payé, ou paieront.

Auront-ils payé ou paieront-ils valablement ? Voilà la question que
notre art. 89 adresse humblement au législateur.

Art. 92.

Sous le régime de la séparation collective, les créanciers de la succession ne peuvent acquérir des droits de préférence au préjudice les uns des autres, à moins qu'il n'existe entre eux des causes de préférence reconnues par la loi.

RÉFLEXIONS GÉNÉRALES.

82. — Voilà l'ordre d'idées que nous voudrions voir adopté, par la commission parlementaire et par l'assemblée, dans la révision du titre des hypothèques, en ce qui touche les rapports de ce titre avec le droit d'hérédité.

83. — *Le crédit civil* prend dans nos campagnes une extension que la loi doit évidemment favoriser. Un laboureur aisé emprunte des sommes, par fois considérables, sur simple reconnaissance, et il lui arrive souvent de conserver le capital pendant un grand nombre d'années. Telle est la réalité des faits, quoique cette vérité ait été contestée et obscurcie, à la tribune de l'assemblée.

Le créancier qui reçoit par ce mode de placement, les intérêts de son capital, plus exactement que s'il avait des garanties réelles, parce que l'emprunteur chiro-

graphaire est plus solvable que l'emprunteur sur hypothèque et parce que l'épée de Damoclès est continuellement suspendue sur la tête du premier qui ne peut
pas dire, pour excuser son retard, ce que ne manquera
jamais de dire le second : « *Vous avez des garanties,*
« *vous pouvez m'attendre,* » le créancier, dis-je, reste
dans cette position qui lui est favorable; surtout si, en
homme prudent, il a le soin de ne pas renouveler la
reconnaissance à l'échéance. Il se forme ainsi, pour
me servir du langage de l'époque, entre le capitaliste
et le travailleur, une association fondée sur l'estime
réciproque qui est la meilleure de toutes les garanties.
Voilà le beau côté des placements de cette nature; mais
voici le revers de la médaille. Souvent le débiteur décède avant le remboursement de la somme prêtée, et
le créancier se trouve, tout-à-coup, en présence d'héritiers qui ne lui offrent plus les garanties morales et
pécuniaires du défunt et qui, pour me servir d'une
pensée de Loyseau, *se soucient fort peu que l'âme de
ce dernier pâtisse pour ses dettes.* La créance se divise ; en sorte que c'est surtout dans les successions que
le *crédit civil* n'est pas suffisamment protégé. Nous
devons donc appeler toute l'attention de l'assemblée
sur la séparation *des patrimoines* que le Code civil a
commencé à améliorer.

C'est dans ces mots *crédit civil* que se trouve l'a-
venir de deux institutions très-importantes qu'il faut

organiser sur des bases bien précises et qui sont :
1° la séparation des patrimoines, 2° et l'hypothèque
judiciaire dont nous nous attendions bien à voir le
remaniement, mais non la suppression totale (1).

84. — Le parti le plus sage à prendre dans les circonstances actuelles, serait peut-être de suspendre la
discussion de la loi hypothécaire et d'investir la commission parlementaire des pouvoirs nécessaires pour
qu'elle put remanier le titre des successions, et les
dispositions du titre des donations, *en ce qui touche
les successeurs aux biens.*

Tout s'enchaîne dans les lois civiles, et un Code ne
se réforme pas dans l'une de ses parties, sans un notable préjudice pour son ensemble. Mais l'impatience
de jouir, cette ennemie de la civilisation, et le désir
immodéré et souvent irréfléchi de vouloir donner à
l'opinion une satisfaction trop prompte, feront que le
travail de la commission, s'il parvient à aboutir, ne
sera encore qu'une loi transitoire !... Rappelons-nous
l'enthousiasme que le Code civil a excité à sa nais-

---

(1) Si l'assemblée persiste dans sa résolution à cet égard, il faut au
moins qu'elle autorise les promesses d'hypothèques par simples recon-
naissances ou sous-seings privés, et que le créancier, à l'échéance de
la dette, puisse obtenir un jugement par lequel sera réalisée l'hypothèque promise *sur les biens désignés dans la cédule*. Par ce moyen
on ne privera pas le crédit civil d'une institution précieuse pour lui,
et en même temps, on ne causera pas un notable préjudice au crédit
foncier.

sance... c'était le chef-d'œuvre des temps modernes!...
Et cependant!... voilà la destinée que l'on peut pré-
dire au projet officiel, parce que, ayant à satisfaire
deux besoins, il ne leur aura donné qu'une satisfaction incomplète, et qu'il n'aura pas répondu suffisamment à la pensée de M. Rossi qui exige, pour se réaliser, qu'après *la révolution politique vienne encore la*
révolution économique.

Cependant, si l'assemblée n'ose s'imposer la lourde
tâche de remanier le système de la délation de l'hérédité : ce qui la mettrait dans la nécessité de réorgani-
ser la saisine et les règles qui en dépendent, qu'elle
mette au moins le titre des successions, en ce qui
touche la fixation des différents régimes successifs *et*
notamment en ce qui concerne le bénéfice d'inven-
taire, d'accord avec les besoins d'aujourd'hui, et que
le titre des hypothèques soit rédigé dans la prévision
d'un remaniement futur et inévitable du droit de succession.

En exprimant ce vœu bien légitime, nous croyons
n'être que l'écho de la magistrature inférieure, qui se
trouve continuellement aux prises avec les vices du bénéfice d'inventaire actuel : vices que nous pouvons
résumer d'un mot, en disant encore « *que la dé-*
« *confiture des successions n'est pas organisée dans*
« *le Code civil!...* »

85. — Nous avons cherché la vérité en nous adres-

sant plutôt à notre raison et aux exigences de la pratique journalière des affaires qu'aux précédents législatifs, sans cependant les mettre entièrement de côté ; il ne faut jamais rompre avec le passé.

Nous pensons qu'à une société qui se transforme, il faut une législation régénérée.

Si, en 1847, nous avons exprimé des craintes à l'égard de la révision hypothécaire (1), nous devons tenir aujourd'hui un autre langage, en présence de la révolution qui est appelée à modifier les mœurs du pays.

Sans doute, le Code civil renferme, dans les matières que nous traitons, des dispositions empreintes de sagesse et qui semblent, au premier coup d'œil, satisfaire complètement la raison. Les règles coutumières, *la loi seule fait les héritiers, le mort saisit le vif, n'est héritier qui ne veut, le partage est déclaratif de propriété*, constituent même à nos yeux une théorie aussi remarquable par l'énergique protection qui en dérive que par son extrême délicatesse pour la famille... Et cependant, nous ne craignons pas d'élever des doutes sur la possibilité de la conservation entière du système qui nous régit. C'est que, suivant nous, la loi a été faite pour une autre propriété et pour d'autres besoins que ceux d'aujourd'hui... ; c'est que sa théorie se

_____

(1) *V.* tome 2, n⁰ 501.

comprend difficilement en présence d'une constitution nouvelle de l'Etat et d'une civilisation, au dire des uns, ou d'une décadence, au dire des autres, qui déborde la législation existante...; c'est que favorable à la stabilité de la propriété et de la famille, la pensée du législateur coutumier se trouve mal à l'aise au milieu de cette multitude d'intérêts mobiles qui réclament un système moins exclusif...; c'est que l'idée *Public* s'est étendue bien au-delà des prévisions de la loi...; c'est qu'en un mot l'état de notre société exige un système plus protecteur des intérêts des tiers, et, par une conséquence fâcheuse peut-être mais inévitable, un système moins protecteur des intérêts de la famille!...

Aussi verrons-nous, dans les Etudes suivantes, la pratique des affaires et la jurisprudence abandonner insensiblement les déductions rationnelles du Droit national, modifier le principe des partages dans son application, fausser le principe de la saisine dans ses conséquences, tout en protestant du plus profond respect pour eux.

Le partage continuera sans doute d'être *déclaratif de la propriété*.....; mais la règle se resserrera de manière qu'elle sera bientôt réduite à l'état d'exception.

L'héritier sera toujours héritier sous la condition *s'il ne renonce pas*...; mais la cour suprême trouvera le moyen de nous apprendre, dans les aliénations consenties par l'héritier apparent, que l'héritier véritable n'est héritier que sous la condition *s'il accepte*...; la loi seule fera encore les héritiers...; on n'osera pas dire que les successeurs *aux biens* sont des successeurs *à la personne*, mais on dira qu'ils sont *loco hæredum*, et on partira de là pour leur appliquer les institutions de la famille, qui n'ont pas été faites pour eux. Puis, la ligne de démarcation si profonde, posée par le Droit coutumier entre les uns et les autres, se réduira peu à peu à une pure subtilité, pour disparaître un jour, à son tour.

Cela se passera ainsi, malgré les protestations de quelques esprits indépendants qui crieront que l'on fait fausse route et qu'on détruit la loi en l'interprétant; mais leur voix se perdra dans le désert, parce que, comme nous l'avons dit au début de cette Étude, c'est bien moins l'idée abstraite que le besoin et la possibilité, que la réalité possible, qui décident de tout, en définitive!...

Les interprètes ont-ils jeté un véritable jour sur toutes ces matières?

Nous avons compulsé nos auteurs les plus recommandables avec une scrupuleuse attention.

Les publications nouvelles nous ont initié aux résultats d'un magnifique travail d'interprétation sur le Code civil, resté jusqu'alors inédit et, pour ainsi dire, à peine soupçonné (1). M. Blondeau a apporté dans la question de la fixation des régimes successifs et de la séparation des patrimoines, l'esprit de synthèse qui le caractérise. C'est assurément un grand service rendu à la science et nous ne doutons pas que ces excellents livres n'aient, dans l'avenir, une influence salutaire sur la jurisprudence. Et cependant, lorsqu'après avoir médité ces ouvrages, on se recueille un instant pour mettre, en regard des aperçus philosophiques, cette masse effrayante de faits recueillis par nos arrêtistes, on se surprend involontairement à se demander s'il n'y a pas là un terrain pour ainsi encore vierge à défricher et si la lecture de ces écrits, malgré tous les progrès de l'enseignement académique, n'est pas la meilleure démonstration que l'on puisse donner de toute l'insuffisance de la loi.

Cette septième Etude ne doit donc être considérée que comme une simple tentative faite dans le but de sortir d'une situation qui laisse à désirer. Si nous sommes convaincu qu'il y a beaucoup à faire, nous devons aussi avouer toute notre impuissance. Nous nous estimerions heureux, si le résultat de nos médi-

---

(1) *V.* notamment les articles de M. Valette, dans la *Revue de Droit français et étranger*, la partie publiée de son *Traité des priviléges et hypothèques*, les *Répétitions* écrites de M. Mourlon, son *Traité de la subrogation*, les *Eléments* de M. Marcadé, etc., etc.

tations pouvait faire cesser le silence obstiné de la magistrature *inférieure*. Cette magistrature si modeste renferme dans son sein une foule d'hommes qui, s'ils ne possèdent pas toujours, comme les professeurs de nos facultés, la science du Droit, possèdent, à un haut degré, la science non moins importante des faits. C'est donc à elle qu'il appartient de renseigner le législateur sur les besoins pressants de la petite propriété qu'elle voit sans cesse aux prises avec la loi.

Nos arrêtistes publient, sans doute, les décisions des cours souveraines ; mais cela ne suffit pas. C'est dans les tribunaux de première instance, dans les cabinets des juges-commissaires aux ordres et aux distribu-tions, et surtout dans les études des notaires des cam-pagnes, qu'il faut aller chercher cette multitude de faits si importants pour la science et qui restent igno-rés d'elle. La petite propriété connaît peu le chemin qui conduit à la Cour ; elle a jugé depuis longtemps que le voyage était trop coûteux pour elle, et elle s'est contentée de dire à regret, mais avec résignation : « ce « sont les villes qui ont fait la loi ; elles ne l'ont pas « faite pour moi. »

86. — Passons maintenant à un autre ordre d'i-dées. Après avoir pris la liberté d'emprunter, un ins-tant, la plume du publiciste, nous allons reprendre celle de l'interprète : nous ne devons pas oublier le titre de cet ouvrage.

L'examen développé, *au point de vue de l'interprétation*, des textes du Code civil relalifs aux propositions énoncées dans le travail qui précède, forme naturellement le sujet des Études suivantes.

FIN DE LA VIIe ÉTUDE.

www.ingramcontent.com/pod-product-compliance
Lightning Source LLC
Chambersburg PA
CBHW050109210326
41519CB00015BA/3891